UTB

UTB **3480**

Eine Arbeitsgemeinschaft der Verlage

Böhlau Verlag · Köln · Weimar · Wien
Verlag Barbara Budrich · Opladen · Farmington Hills
facultas.wuv · Wien
Wilhelm Fink · München
A. Francke Verlag · Tübingen und Basel
Haupt Verlag · Bern · Stuttgart · Wien
Julius Klinkhardt Verlagsbuchhandlung · Bad Heilbrunn
Lucius & Lucius Verlagsgesellschaft · Stuttgart
Mohr Siebeck · Tübingen
Nomos Verlagsgesellschaft · Baden-Baden
Orell Füssli Verlag · Zürich
Ernst Reinhardt Verlag · München · Basel
Ferdinand Schöningh · Paderborn · München · Wien · Zürich
Eugen Ulmer Verlag · Stuttgart
UVK Verlagsgesellschaft · Konstanz
Vandenhoeck & Ruprecht · Göttingen
vdf Hochschulverlag AG an der ETH Zürich

LIBAC

Linguistik für Bachelor – herausgegeben von Hans Jürgen Heringer

bislang erschienen:

Hans Jürgen Heringer: *Morphologie*
Dietrich Busse: *Semantik*
Henning Lobin: *Computerlinguistik und Texttechnologie*
Hans Bickes/Ute Pauli: *Erst- und Zweitspracherwerb*
Stephan Habscheid: *Text und Diskurs*
Richard Wiese: *Phonetik und Phonologie*
Claus Ehrhardt/Hans Jürgen Heringer: *Pragmatik*

weitere Bände in Vorbereitung

CLAUS EHRHARDT / HANS JÜRGEN HERINGER

Pragmatik

WILHELM FINK

Der Autor:

Claus Ehrhardt ist Professor für Germanistische Sprachwissenschaft an der Universität Urbino, Italien. Studium (Germanistik, Philosophie) und Promotion an der Heinrich-Heine-Universität Düsseldorf. Arbeitsschwerpunkte: Pragmatik, Höflichkeitsforschung, Phraseologie, Soziolinguistik, Interkulturelle Kommunikation.

Hans Jürgen Heringer, ordentlicher Professor für Germanistische Linguistik in Tübingen und ab 1981 Deutsch als Fremdsprache in Augsburg, Gastprofessuren u. a. in Kopenhagen, Paris und Barcelona. Schwerpunkte: Syntax, Semantik, Interkulturelle Kommunikation, Konrad-Duden-Preis 1989. Emeritiert seit 2007.

Bibliografische Information Der Deutschen Nationalbibliothek

Die Deutsche Nationalbibliothek verzeichnet diese Publikation in der Deutschen Nationalbibliografie; detaillierte bibliografische Daten sind im Internet über http://dnb.d-nb.de abrufbar.

Gedruckt auf umweltfreundlichem, chlorfrei gebleichtem Papier

(Wilhelm Fink GmbH & Co. Verlags-KG, Jühenplatz 1, D-33098 Paderborn)
ISBN 978-3-7705-5168-2

Internet: www.fink.de

Printed in Germany.
Herstellung: Ferdinand Schöningh, Paderborn
Einbandgestaltung: Atelier Reichert, Stuttgart

UTB-Bestellnummer: ISBN 978-3-8252-3480-5

Inhalt

Vorwort

Kommunikation ist ein zentraler Begriff in vielen gesellschaftlichen Debatten. Wohin Sie auch schauen, überall werden Sie Probleme finden, die angeblich durch Kommunikationsstörungen entstanden sind und durch richtige, effiziente Kommunikation gelöst werden könnten. Das gilt für Politik wie für die Wirtschaft, das Privatleben und andere Bereiche. Wenn politische Projekte beispielsweise von einem großen Teil der Bevölkerung abgelehnt werden, dann schließt man daraus nicht, dass sie vielleicht falsch sind oder ihnen die demokratische Legitimität fehlt. Nein, man geht oft einfach davon aus, dass sie schlecht kommuniziert wurden. Man muss sie den Leuten nur richtig erklären, dann geht alles reibungslos. Ähnlich in der Wirtschaft: Wenn ein Produkt sich nicht verkauft, denkt der Hersteller nicht gleich, dass es schlecht konzipiert ist oder den Bedürfnissen der Verbraucher nicht entspricht. Nein, er denkt erst mal, dass die Kommunikation nicht funktioniert hat und erhöht die Marketing-Anstrengungen. Und auch im Privatleben stehen wir häufig vor Konflikten, die darauf zurückgeführt werden, dass man sich nicht richtig verstanden hat. Man muss sich in Ruhe über das Problem unterhalten, dann wird es schon aus der Welt geschafft. Kommunikation scheint da so etwas wie ein Mechanismus, den man nur richtig steuern muss, dann führt er berechenbar zum Erfolg.

In diesem Buch werden Sie keine Lösungen für solche Probleme finden. Es will Ihnen einen ersten Einblick in linguistische Ansätze zur Analyse von Kommunikation geben, den Kommunikationsbegriff problematisieren, zumindest ansatzweise zeigen, wie man den Zusammenhang zwischen Sprache, Sprachgebrauch und Kommunikation angemessen beschreiben und erklären kann und was es heißen könnte, zu verstehen, was ein Sprecher meint. Dazu dienen die Fragestellungen, Begriffe und Untersuchungsmethoden der linguistischen Pragmatik, die Ihnen in elf Modulen vorgestellt werden.

Ein solches einführendes Buch ist nicht nur reizvoll für Autoren. Es wendet sich in erster Linie an Teilnehmer einführender Lehrveranstaltungen zur linguistischen Pragmatik und an Personen, die sich einen ersten Einblick in dieses Fachgebiet verschaffen möchten. Fachleute fallen nun mal nicht vom Himmel. Bevor Sie sich mit differenzierten Analysen beschäftigen, brauchen Sie einen Überblick über den gesamten Forschungsbereich und die Grundlagen.

Die Lektüre des Buches setzt keine Fachkenntnisse voraus, nur Interesse am Thema und die Bereitschaft, ein gewisses Maß an intellektueller Energie aufzubringen. Die werden Sie allerdings brauchen – so hoffen wir –, um die vorgeführten Gedankengänge nachzuvollziehen.

Unser Konzept ruht auf folgenden Überlegungen und Prinzipien:

- Gegenstand sind Grundlagen und Grundannahmen der linguistischen Pragmatik: Begriffe, Methoden und Theorien, die Sie als Leser, der sich mit der Spezialliteratur auseinandersetzen möchte, kennen müssen. Auch Problematisches wird nicht ausgespart.
- Wichtig war uns der erste Überblick. Eine enzyklopädische Darstellung pragmatischer Theorien und Ansätze ist weder möglich noch erstrebenswert. Was wir Ihnen vorstellen, soll anregen zur weiteren Beschäftigung mit dem Thema. Es sind Inseln im Meer des pragmatischen Wissens. Wenn Sie gelernt haben, sich auf der ein oder anderen Insel zu orientieren und mit Nahrung zu versorgen, wird Ihnen das auf anderen Inseln leichter fallen.
- Der Band ist modular aufgebaut. Es gibt keine lineare Progression (auch unser Wissen ist nicht linear aufgebaut). Jedes Modul ist als in sich angeschlossene Einheit konzipiert.
- Wir möchten zeigen, dass die Pragmatik ein weites Feld möglicher Anwendungen eröffnet. Dazu dienen vor allem die Exempel in jedem Modul. Im exemplarischen Lernen sehen Sie, was man mit den vorgestellten Methoden anfangen kann. Vielleicht finden Sie die ein oder andere Anregung für Seminar- oder Abschlussarbeiten oder für Projekte.
- Der Text enthält nur das Nötigste an wissenschaftlichem Apparat. Damit ist er hoffentlich leserfreundlich. Humane Hinweise zu vertiefender Lektüre und Anregungen zur weiteren Beschäftigung finden sich am Ende der Module und im Literaturverzeichnis. Wir hoffen, dass wir stets hinreichend deutlich gemacht haben, woher die referierten Ideen stammen.
- Im Glossar finden Sie wichtige Begriffe noch einmal im Überblick mit kurzen Erklärungen.

Leitgedanke des Buchs ist die Einsicht, dass perfekte und ideale Kommunikation ein unrealistischer Traum wäre, und die Überzeugung, dass es wichtig und anregend sein kann, Standardweisheiten über Kommunikation zu hinterfragen. Wir verstehen Kommunikation als ein komplexes, schwieriges und prekäres Unterfangen – das aber von zentraler Bedeutung ist für so gut wie alle Lebensbereiche. Und wir hoffen, dass so ein Büchlein auch für Sie persönlich zu Ihren Kommunikations- und Verstehensfähigleiten beitragen kann.

Wir danken Frank Liedtke und Detmer Wolf für die kritische Lektüre des Manuskripts.

Claus Ehrhardt Hans Jürgen Heringer

Urbino/ Herrsching, im Januar 2011

1 Einführung

1.0 WarmUp und Lernziele

WarmUp

Der Internationalismus *pragmatisch* hat ähnlich wie *praktisch* einen guten Klang. Beide gehen zurück auf griech. *prâgma*, das mit Handeln zu tun hat. Ihr Ansehen beziehen die Wörter aus einer Ideologie, nach der Handeln besser sei als Reden. So heißt es schon mal lobend: „Ich sehe das ganz pragmatisch“. So bevorzugen auch viele Leute „pragmatische Lösungen“. Goethe hat das im Faust auf den Punkt gebracht:

> Geschrieben steht: „Im Anfang war das Wort!“
> Hier stock' ich schon! Wer hilft mir weiter fort?
> Ich kann das Wort so hoch unmöglich schätzen,
> Ich muss es anders übersetzen,
> Wenn ich vom Geiste recht erleuchtet bin.
> Geschrieben steht: Im Anfang war der Sinn.
> Bedenke wohl die erste Zeile,
> Dass deine Feder sich nicht übereile!
> Ist es der Sinn, der alles wirkt und schafft?
> Es sollte stehn: Im Anfang war die Kraft!
> Doch, auch indem ich dieses niederschreibe,
> Schon warnt mich was, dass ich dabei nicht bleibe.
> Mir hilft der Geist! Auf einmal seh' ich Rat
> Und schreibe getrost: Im Anfang war die Tat!

Die Ideologie wirkt auch in Ansichten wie, die Wissenschaft oder das Studium müsse praktisch werden, damit die Leute etwas davon haben. Im gleichen Atemzug dann eine gewisse Verachtung der Theorie. Dem werden Sie sich hoffentlich nicht anschließen. Darum müssen wir hier auch nicht dagegen argumentieren und den Kampf mit Windmühlen aufnehmen.

Ziele

In diesem einführenden Modul werden Sie

- eine erste Idee davon bekommen, was Pragmatik leisten soll und kann,
- sich einen Überblick über Themen und Problemstellungen der Pragmatik und über dieses Buchs erarbeiten.

1.1 Was ist Pragmatik?

Als Zweig der Linguistik könnte man die Pragmatik weit zurückverfolgen, vielleicht bis vor die Prägung des Terminus. Einer hat sie schon beim mittelalterlichen Katalanen Ramón Llull entdeckt und es wäre sicher ein Leichtes, sie bei Aristoteles aufzuspüren. Anerkannt als linguistische Disziplin wird die Pragmatik seit den 30er Jahren des letzten Jahrhunderts, damals noch beheimatet in der sog. Semiotik und im logischen Empirismus. Für den Anfang unerlässlich ist die Dreiteilung von Charles Sanders Peirce, der erst mal drei Aspekte des sprachlichen Zeichens isolierte und darauf aufbauend drei Abteilungen der Semiotik (das ist die Lehre von den sprachlichen und nicht-sprachlichen Zeichen, z. B. Gesten, Bilder, Icons, Symbole).

Aspekte des Zeichens

Demnach werden insbesondere drei Aspekte des Zeichens postuliert nach den Beziehungen, in denen Zeichen stehen:

- die Relation eines Zeichens zu anderen Zeichen,
- die Relation eines Zeichens zu seiner Bedeutung,
- die Relation eines Zeichens zu den Benutzern des Zeichens.

In Entsprechung entwickelte Charles Morris die klassische Definition der drei zuständigen Disziplinen. Er unterteilt die Semiotik – und wir können sagen, auch den Kern der Linguistik – in die drei Teilbereiche:

(i) Die Syntax behandle die Beziehungen zwischen den Zeichen.
(ii) Die Semantik behandle die Beziehungen zwischen den Zeichen und ihrer Bedeutung.
(iii) Die Pragmatik behandle die Beziehung zwischen Zeichen und ihren Benutzern, „the study of the relation of signs to interpreters" (Morris 1938, 6).

Die Dreiteilung in Syntax, Semantik und Pragmatik ist allerdings keineswegs unumstritten. Sie scheint recht gekünstelt, vielleicht für natürliche Sprachen von Grund auf verfehlt. Defekte werden schnell sichtbar. So kann man den ersten Bereich vom zweiten nicht trennen, weil die Beziehungen zwischen den Zeichen nicht von der Bedeutung unabhängig sind. Es gibt eben grammatisch abweichende Sätze wie **Da sind ich* und semantisch abweichende wie *Sie hatte ein blondes Kleid an*. Man kann aber vor allem die Bereiche (i) und (ii) nicht von (iii) trennen, weil alle Zeichen und alle Beziehungen zwischen den Zeichen nur durch die etablierte Verwendung als Zeichen bestehen.

Eine Sprache ohne Benutzer kann es nicht geben. Hegel hat wohl gesagt: Das Zeichen an sich selbst hat keine Bedeutung.

Dennoch zieht sich durch die pragmatische Diskussion ständig die Frage, ob eine Erscheinung semantisch oder pragmatisch sei. So in der Frage, was gesagt, was explizit sei und was nur gemeint oder inexplizit sei. Analog die Unterscheidung zwischen wörtlich gesagt und nicht wörtlich. Bei weitem nicht alle Pragmatiker respektieren eine so konstruierte Grenze.

Worum es geht

Wenn Sie jemand fragt, ob Sie mit ins Kino kommen und Sie sagen ja, dann haben Sie in gewissen Sinn mehr gesagt, etwa „Ich komme mit ins Kino". Wenn ich zu Ihnen sage „Ich komme morgen", dann ist nicht unbedingt klar, ob das ein Versprechen oder eine Drohung ist. Ständig haben wir mit Äußerungen zu tun, die wir nur ganz verstehen, weil wir mehr verstehen, als die Sätze uns zu sagen scheinen. In diesem Sinn sind die Sätze unterbestimmt. Mit unserer Sprachkompetenz können wir Wörter syntaktisch und semantisch korrekt zu Sätzen kombinieren und die Kombinationen verstehen. Darüber hinaus greift unsere kommunikative Grundausstattung und ein pragmatisches Wissen, die es uns ermöglichen, in der Situation aus den vagen Möglichkeiten des lexikalisch-grammatisch Bestimmten zu wählen und es sinngemäß anzureichern. So wird das Pronomen *ich* gemäß der Bedeutung für jeden möglichen Sprecher verwendet, in der Situation aber meist für den bestimmten aktualen Sprecher.

Gegenstand der linguistischen Pragmatik – könnte man sagen – sind die Fähigkeiten, die uns dies ermöglichen, und das entsprechende Wissen. Es umfasst die Konventionen und Verfahrensweisen, die Kommunizieren erst ermöglichen. Die Pragmatik soll dieses Wissen eruieren, analysieren und darstellen.

(1) A: Wann habt ihr eigentlich geheiratet?
B: In Rom damals.

Gesagt vs. gemeint

Ein Ortsangabe statt einer Zeitangabe? Offenbar wird hier etwas weniger gesagt, als gemeint ist. A könnte die Reaktion durchaus als Antwort befriedigen. Vor allem weil sie weiß, wann B oder die beiden in Rom waren. Es gehört zum gemeinsamen Wissen der Kommunikationspartner. Und sicherlich geht B in seiner Antwort davon aus. Falls es nicht zutrifft, ist das in der Regel kein Beinbruch. Der Dialog könnte mit einer kleinen Reparatur weitergehen:

(1a) A: Wann habt ihr eigentlich geheiratet?
B: In Rom damals.
A: Wann war das?

Unser Wissen

Um aus dem Gesagten auf das Gemeinte zu kommen, es ohne Anstrengung zu erschließen, nutzen wir unser Wissen. Dabei spielen unterschiedliche Komponenten des Wissens eine Rolle. Für das Verständnis von (1) ist gemeinsames episodisches Wissen vorausgesetzt. In den folgenden Beispielen müssen wir unser stehendes Wissen aktualisieren, um aus der Reaktion eine ablehnende oder zustimmende Antwort herzuleiten.

(2) Let's go to the movies tonight.
I have to study for an exam. (Searle 1975: 61)

(3) A: Let's go to the movies.
B: I'll get the toilet paper. (Fraser 1994, nach Bublitz 2009, 16)

Sinn und Bedeutung

In menschlicher Kommunikation geht es darum, den Sinn dessen zu erfassen, was der Partner sagt. Sinn vermitteln und Sinn erfassen können wir aber nur über Bedeutungen. Denn die Bedeutungen sind das, was für uns konventionell abgesichert ist.

Nahe liegt die Frage: Warum lassen wir überhaupt manches implizit, statt es explizit zu machen? Warum sagen wir nicht einfach, was wir meinen? Die Antwort liegt in der Natur des Menschen, in der Natur menschlicher Kommunikation. Kommunikation kann nicht mit Bedeutungen angefangen haben. Menschen müssen immer schon etwas verstanden haben, was in diesem Sinn nicht explizit war. Außerdem folgen wir einem Minimax-Prinzip: Größtmöglicher Effekt mit geringstmöglichem Aufwand:

Ein Grundprinzip

- Wir tun nichts Unnötiges.
- Wir machen uns alles zunutze.
- Wir können nicht völlig explizit werden.
- Wir können nicht für alles Neue schon vorgesorgt haben.

Unser Handeln und unsere Kommunikationen sind zeitlich begrenzt. Wenn wir reden, verbrauchen wir gemeinsame Zeit. Wenn wir ein kommunikatives Ziel verfolgen, ist es rational, dies mit möglichst geringem Aufwand anzustreben. Das ist ein Prinzip der sozialen Evolution. Wer dagegen verstößt, wird kommunikativ weniger erfolgreich sein. Darum sagen wir in der Regel nichts, was der Partner schon weiß. Ja, wir machen uns all das zunutze, was der Partner weiß. Oder besser: Was wir glauben, dass der Partner weiß.

Um diesem Prinzip zu genügen, werden wir Überflüssiges vermeiden, sowohl was den Inhalt wie auch die Ausdrucksweise betrifft. Wir fassen uns kurz – meistens. Wenn Sie in der Wirtschaft in einem offenkundigen Bestellakt äußern „Ein helles“, so wird die Kellnerin bestimmt mitverstehen, dass Sie ein Bier wollen. Wenn die gleiche Kellnerin dies im Kleidergeschäft äußert, wird wohl eher ein Kleid gemeint sein. Wir gehen jeweils von einem default aus, nach dem wir unsere Äußerungen bemessen. Alles Überflüssige sagen wir nicht.

Anreicherung

Einen deutschen Satz wie (4) verstehen wir:

(4) Einiges begann sofort.

Wir verstehen, dass es um etwas in der Vergangenheit geht und nach dem Verb *beginnen* um einen Vorgang. Wenn der Satz verwendet wird, verstehen wir aber noch mehr:

- was mit einiges ausgewählt wurde,
- dass nicht alles begann,
- von welchem Zeitpunkt aus sofort.

In diesem Sinn ist der Satz für das Verstehen unterbestimmt. Wir füllen ihn routinisiert auf in der Verwendung. Wie tun wir das? Woher können wir das? Das sind Leitfragen der Pragmatik.

Wir gehen mit solchen Problemen nicht nur unbewusst und routinisiert um. Wir kommunizieren auch reflektiert. Wie explizit muss ich werden? Wie viel Zeit darf ich in Anspruch nehmen? Einen Maßstab von außerhalb habe ich da nicht. Darum gilt es zu bedenken: Alles wird gedeutet in der Kommunikation, selbst Schweigen. Implizites Reden – wenn es bemerkt wird – kann als höflich, taktvoll, rücksichtsvoll oder einfach als klug und Streit vermeidend verstanden werden. Wie vor Gericht gilt: Alles, was du sagst, kann gegen dich verwendet werden. So kann ärmliche Kommunikation sinnvoll und empfehlenswert sein.

Inexplizit = interessant?

Inexplizitheit wird weiter kommunikativ genutzt, etwa um auf etwas anzuspielen, jemanden zu necken oder auf die Folter zu spannen, um Aufmerksamkeit zu erregen oder Spannung zu erzeugen. Nur wenn wir nicht in jedem Sinn explizit reden, können wir derlei Effekte realisieren.

Witze, deren Pointe erklärt oder expliziert wird, sind nicht mehr witzig. Während man mit einem Sparwitz wie „Steht ein Manta vor der Uni" Gelächter oder Verwunderung oder Unverständnis auslösen kann, wirkt die erklärende Version weder besonders amüsant noch provokant: „Ein Manta ist ein Opel, der seinerzeit von gewissen Leuten gefahren wurde und zu einem Kultauto stilisiert wurde. Mantafahrer galten als nicht besonders intelligent. Deshalb ist es schon erstaunlich, dass so jemand vor der Uni parkt, offenbar studiert. Und die Spitze: So sind heutzutage die Studenten."

1.2 Was soll Pragmatik?

Pragmatik–wozu?

Der Eindruck, dass die linguistische Pragmatik näher bei der realen Kommunikation und bei den Menschen ist als etwa die Syntax, täuscht nicht. Das hängt damit zusammen, dass Pragmatiker mehr auf sprachliche Funktionen als auf sprachliche Formen ausgerichtet sind. Sie stehen eher links, wenn wir linguistische Erkenntnisinteressen sortieren.

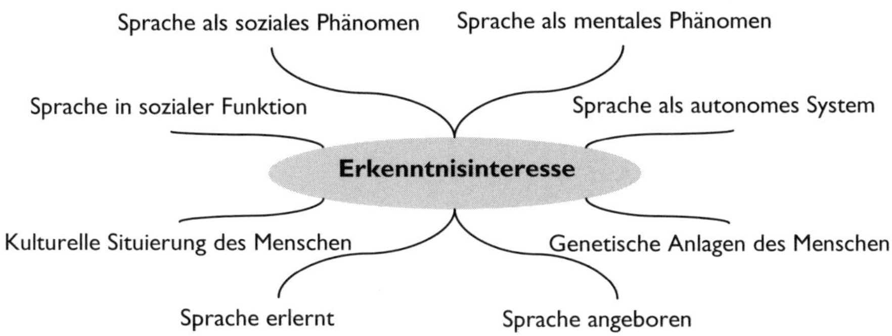

Anwendungen

Die Pragmatik erweitert unser Wissen über die kommunikativen Möglichkeiten und darüber, wie wir unsere Ziele gemeinsam mit Partnern erreichen können. Sie kann uns damit auch aufklären über uns selbst. Sie hat aber auch einen öffentlichen Wert, weil sie Kommunikation in allen öffentlichen Bereichen erfasst, sei es praktisch, um Kommunikation zu verstehen und zu verbessern, sei es kritisch mit der Hoffnung, öffentlich wirksam zu werden und der kommunikativen Moral Geltung zu verschaffen. Somit eröffnet sich ihr ein weites Betätigungs- und Einflussfeld. Einige zu beackernde Äcker seien genannt:

- Presse und Medien
- Arztgespräche und Gesprächstherapie
- Juristerei und vor Gericht
- Analyse literarischer Texte
- neue Medien (Simsen und Forumskommunikation)
- Kommunikationstraining
- Erforschung des Spracherwerbs
- Untersuchung des Sprachunterrichts
- Interkulturelle Kommunikation

Definition

Die linguistische Pragmatik ist die Wissenschaft von den Kommunikationsprinzipien, an die Menschen sich halten, wenn sie miteinander interagieren und kommunizieren.
Diesen Prinzipien folgen Sprecher oder Schreiber, um Sinn zu vermitteln, und Hörer oder Leser, um den im Zusammenhang verstehbaren Sinn aus der Menge der möglichen Deutungen zu erschließen.
Analysiert, rekonstruiert und beschrieben werden die sprachlichen Ausdrucksformen, Handlungsmuster, Formulierungs- und Deutungsstrategien, die ein kooperatives Deuten und Aushandeln des Gemeinten und Verstandenen ermöglichen.

So können wir hoffen, dass die Pragmatik helfen könnte zu erkennen, wie wir kommunikativ miteinander umgehen, wie wir privat und öffentlich Konstellationen aufbauen und wie wir die Welt sehen und konstruieren. Überall, wo es um Sinn und Deutung geht, da hat Pragmatik ihren Platz. Aber wie können wir das alles untersuchen:

- durch Introspektion?
- durch Reflexion?
- durch Beobachtung?
- durch Experimente?

Die Grafik bietet einen Überblick über zentrale Forschungsfragen der Pragmatik und damit neben dem Inhaltsverzeichnis für Sie einen ersten Eindruck von dem, was Sie erwartet.

Überblick

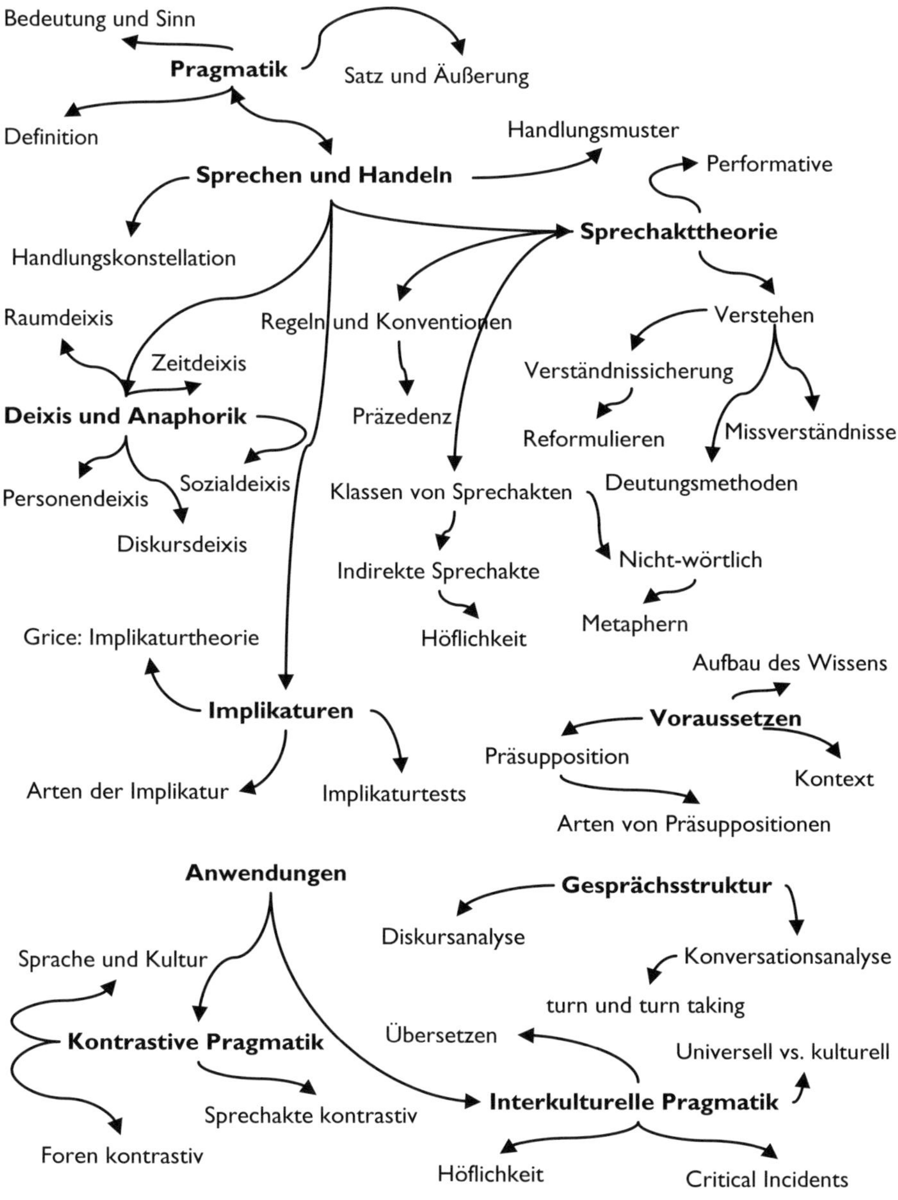
Bedeutung und Sinn
Pragmatik
Satz und Äußerung
Definition
Handlungsmuster
Sprechen und Handeln
Performative
Sprechakttheorie
Handlungskonstellation
Raumdeixis
Regeln und Konventionen
Verstehen
Zeitdeixis
Verständnissicherung
Deixis und Anaphorik
Präzedenz
Reformulieren
Missverständnisse
Sozialdeixis
Personendeixis
Klassen von Sprechakten
Deutungsmethoden
Diskursdeixis
Indirekte Sprechakte
Nicht-wörtlich
Grice: Implikaturtheorie
Höflichkeit
Metaphern
Aufbau des Wissens
Implikaturen
Voraussetzen
Präsupposition
Kontext
Arten der Implikatur
Implikaturtests
Arten von Präsuppositionen
Anwendungen
Gesprächsstruktur
Diskursanalyse
Sprache und Kultur
Konversationsanalyse
turn und turn taking
Kontrastive Pragmatik
Übersetzen
Universell vs. kulturell
Sprechakte kontrastiv
Interkulturelle Pragmatik
Foren kontrastiv
Höflichkeit
Critical Incidents

1.3 Exempel: Ironie

Johannes Heesters hat kürzlich (auf Niederländisch) in etwa gesagt:
(1) Hitler war ein feiner Kerl.
Darauf ging eine milde Empörung durch die Presse. Seine Aussage wurde wörtlich, für bare Münze genommen, vielleicht wegen Heesters' unklarer Vergangenheit, vielleicht aber auch weil man ihn in seinem Alter sowieso für gaga hielt. Interessant ist, dass man ihn einerseits ernst, andererseits auch wieder nicht ernst nahm. Wenn ich (1) äußerte, würden die meisten – hoffentlich – sagen, es sei nicht so gemeint gewesen. Ich wisse doch wohl wie wir alle, was es mit Hitler auf sich hatte. Wenn das dann noch in einem Zusammenhang wie dem folgenden stünde, wäre den meisten klar, dass es nicht wörtlich gemeint war:

Nicht wörtlich

(2) A: Hitler hat doch die Autobahnen gebaut.
B: Ja, ja, Hitler war ein feiner Kerl.

Wenn also eine Äußerung offenkundig verstößt gegen das, was für wahr gehalten wird, dann nehmen wir an, es sei etwas Anderes gemeint, als gesagt wird. Damit wissen wir aber noch nicht, was gemeint war.
Ironie ist ein Musterbeispiel dafür, dass etwas Anderes gemeint ist, als was gesagt wurde. Nach der klassischen rhetorischen Definition der Ironie ist in ironischer Rede das Gegenteil von dem gemeint, was gesagt wurde. Das macht das Verstehen einfacher und wir können davon ausgehen, dass in (2) im ironischen Verständnis gemeint war, Hitler sei eben kein feiner Kerl gewesen. Genereller gilt für Ironie:
(i) Es wird etwas Anderes gemeint als gesagt.
(ii) Es wird das Gegenteil gemeint von dem, was gesagt wird.
Selbstverständlich gibt es kein universales Wissen, nichts, was jeder weiß. Wer Nazi-Wissen anhängt, würde den Kurzdialog anders verstehen. In ironischer Rede baut der Sprecher A darauf, dass dem Partner klar ist, dass A das Einschlägige nicht glaubt. Darum spielt, wer ironisch redet, auch damit, wie der Partner ihn einschätzt, was er von ihm hält. Ironische Redeweise ist in diesem Sinn riskant, aber sozial und befriedigend, wenn sie klappt: Der Sprecher bekommt als feedback, dass Einverständnis zwischen den Partnern herrscht.

Wissen aus der Situation

Einfacher ist der Fall, in dem der Sprecher A annehmen kann, der Partner erkenne in der gemeinsamen Kommunikationssituation, dass A etwas Bestimmtes weiß oder nicht glaubt, etwa wenn er (3) äußert in einer Situation, wo beide sehen, dass es stürmt und schneit:
(3) Schönes Wetter draußen.
Eine Frage bleibt: Gibt es über das implizite Wissen hinaus auch overte Anzeichen für Ironie? Wir kennen eine gewisse Affinität bestimmter Satzformen zur Ironie, etwa „Du bist mir ja ein ...“ oder Übertreibung oder Ähnliches.

(3a) Ein schönes Wetter draußen!
(3b) Das ist ja ein wunderbares Wetter heute!
(4) A: Ich möchte gern Vermögensberater werden.
B: Und ich Kaiser von China.

Ironiesignale

Feiglinge verwenden Ironiesignale wie Augenzwinkern und dergleichen oder sie antworten auf Nachfrage „Ich hab das nicht ernst gemeint“. Geistesverwandte Theoretiker haben diese These generalisiert und gedacht, jede ironische Rede sei durch ein Ironiesignal zu kennzeichnen. Damit aber ginge gerade das Prickelnde der Ironie verloren, wenigstens etwas davon. Denn Ironie scheint noch einen anderen kommunikativen Sinn zu haben. Wir kommen ihm auf die Spur, wenn wir berücksichtigen, dass ironische Rede meist kritisch gedacht ist. Indem man Kritik nicht so direkt vorbringt, macht man sie sanfter, bringt etwas Luft, etwas Distanz hinein. Ironische Kritik hat etwas Paradoxes an sich wie wohl Ironie generell: Man sagt es, man sagt es aber auch nicht. Deshalb sollte man Kindern gegenüber nicht so oft ironisch sein. Es macht sie unsicher und wehrlos.

Prinzipiell fordert Ironie mehr Verstehensaufwand und ist auch deshalb riskant. Auch wenn man weiß, dass ironisch das Gegenteil des Gesagten gemeint wäre, weiß man noch nicht, dass es sich um Ironie handelt. Alles bleibt in der Schwebe.

Wahre Ironie

Wahre Ironiker geben keine Ironiesignale. Sie führen etwas vor, so wie Zitate, die sie nicht auszeichnen. Ein solcher war Heinrich Heine:

Das Fräulein stand am Meere
Und seufzte lang und bang,
Es rührte sie so sehre
Der Sonnenuntergang.

Mein Fräulein! Sein Sie munter,
Das ist ein altes Stück;
Hier vorne geht sie unter
Und kehrt von hinten zurück.

Hier wird virtuos eine dichterische Technik vorgeführt und ein eingängiger Ohrwurm. Durch den Abschwung am Schluss könnten wir erkennen, dass auch wir vorgeführt wurden und vielleicht etwas Kitsch genossen haben. Der Witz aber ist das Schillern: Wir dürfen mitgenießen oder mittrauern, dann aber werden wir in Distanz genommen und sehen, dass es gemacht ist. Der wahre Ironiker kann auch Kitsch genießen – aus der Distanz.

Ein solcher war Karl Kraus. Bei ihm weiß man nie so genau, wo man dran ist. Wird man nur selber mit vorgeführt, weil man die Ironie nicht bemerkt? Bei dieser kommunikativen Haltung bekommt man den Sprecher nicht zu fassen. Wenn Sie den wahren Ironiker fragen: „War das ironisch?“, wird er mit „Nein“ antworten – bestenfalls.

1.4 Fazit

In realer Kommunikation scheinen wir ständig mehr zu verstehen, als gesagt wird. Die Pragmatik untersucht, welches Wissen wir brauchen, um Gesagtes anzureichern, und wie wir dabei verfahren. So bringt sie Grundeinsichten in menschliche Kommunikation.

1.5 Aufgaben und Vertiefung

Aufgaben

1. Recherchieren Sie in http:// corpora. ids-mannheim. de/ ccdb/, wie die Wörter *pragmatisch* und *praktisch* verwendet werden. Ermitteln Sie die frequentesten Verwendungen und vergleichen Sie unter folgenden Aspekten:

- In welcher syntaktischen Rolle erscheint das Wort?
- Wovon wird es jeweils prädiziert?
- Mit welchen Adverbien wird es modifiziert?

2. Geben Sie jeweils für ein typisches Beispiel eine Paraphrase oder mehrere alternative.

3. Vergleichen Sie die modifizierte Definition Seite 14 mit der Originalversion von Bublitz. Was ist verändert? Überlegen Sie, warum.

> Die linguistische Pragmatik (von griech. *prâgma*, Handlung), ist die Lehre von den Kommunikationsprinzipien, nach denen sich Menschen richten, wenn sie in sozialen Zusammenhängen rational und effizient miteinander interagieren. Diesen Prinzipien folgen Sprecher/ Schreiber, um Bedeutungen zu implizieren, die über die Satzbedeutung hinausgehen, und Hörer/ Leser, um die im Kontext plausiblen Äußerungsbedeutungen aus der Menge der möglichen zu erschließen. Beschrieben werden die sprachlichen Formen, Handlungsmuster, Implikations- und Interpretationsstrategien, die ein einvernehmliches Aushandeln der nicht gesagten, wohl aber gemeinten und verstandenen Bedeutungen ermöglichen. (Bublitz 2001, 27)

4. Vergleichen Sie weiter mit der Definition in Bublitz 2009, 24.

5. Diskutieren Sie oder schreiben Sie einen kleinen Essay: Sollte die Pragmatik nicht auch weniger rationale und ineffiziente Kommunikation erfassen? Wo läge die Grenze? Wer setzt sie?

6. Vielleicht recherchieren Sie mal, was toilet paper mit der Rocky Horror Picture Show zu tun hat.

Vertiefung

Weitere einführende Überlegungen in Bublitz 2009. Ausführlicher Levinson 1994, Kap. 1.
Bedenken Sie kritisch:

- Wozu sind die Überlegungen zur Abgrenzung gut?
- Für wen sind sie gedacht?

2 Deixis und Anaphorik

2.0 WarmUp und Lernziele

WarmUp

Neue Medien lösen alte Kommunikationsprobleme, schaffen aber auch mehr oder weniger delikate Situationen – und neue kommunikative Verfahren für deren Bewältigung: Seit wir mobil telefonieren, hat sich im Ablauf normaler Telefongespräche, insbesondere in der Einleitungssequenz einiges geändert. Häufig beginnt das Gespräch nun: „Wo bist du?"
Warum wird die Angabe des Ortes, an dem man telefoniert, so interessant? Offensichtlich erleichtert es ein Gespräch, wenn wir ungefähr wissen, wo sich unser Partner befindet. Wir können uns dann seine gegenwärtige Perspektive auf die Welt vorstellen und das erleichtert uns das Verständnis dessen, was er sagt.

Ziele

In diesem Modul werden Sie erfahren,

- was Deixis ist und wie sie organisiert ist,
- wie deiktische Ausdrücke verwendet und verstanden werden,
- welchen Stellenwert die Deixis in der Pragmatik hat.

2.1 Was ist Deixis?

SMS-Nachrichten

Das Handy hat eine neue Kommunikationsform hervorgebracht. Dazu drei gekürzte Beispiele aus einem einschlägigen Korpus (mediensprache.net):

(1) Na, „olle Meckertante"*ggg*..hast schon frei oder bist noch im Stress? Hier regnets grad fürchterlich und ich hab bald Feierabend :-)
(2) Ja, das würde ich jetzt auch gern machen, aber dazu hab ich leider keine Zeit – Ulli.
(3) War in barcelona. bin wieder hier ...

Ein unbeteiligter Leser kann erkennen, worum es geht, es tun sich aber Verständnislücken auf. Sie hängen mit der Art der verwendeten Ausdrücke zusammen. Keine Schwierigkeiten bereitet *barcelona*. Es ist ein Eigenname, der sich recht eindeutig auf eine Stadt bezieht. Unproblematisch sind auch Ausdrücke wie *Stress, regnet, Feierabend* oder *keine Zeit haben*. Mit ihnen ist zwar nicht von einem einzigen, eindeutig identifizierbaren Objekt die Rede, aber doch klar von Handlungen oder anderen Phänomenen. Wir erfahren bei (1) und (2), dass jemand gerade mit seiner Arbeit fertig ist, wie das Wetter ist oder dass Ulli sehr beschäftigt ist. Die Empfänger der Nachrichten haben gewiss mehr verstanden: Sie wissen auch, wo und wann es regnet, wer Feierabend hat, was Ulli gerne machen würde oder wo der Schreiber von (3) sich im Moment des Schreibens befand.

Im Unterschied zu uns verstehen die Empfänger, worauf sich *du, hier, grad, ich, das, dich, hier* beziehen, wenn sie wissen, wer, wo, wann die SMS an wen geschrieben hat, zumindest nach Meinung des Sprechers. Sie können die zeitlichen, räumlichen und persönlichen Bezüge herstellen, ohne die der Informationsgehalt der Aussagen niedriger bleibt. Ausdrücke, deren Bezug von den Umständen ihrer Äußerung abhängt, nennt man in philosophischen Diskussionen indexikalische Ausdrücke, in der Linguistik eher deiktische Ausdrücke. Das Wort *deiktisch* kommt aus dem Griechischen (*deiktikòs*) und bedeutet *hinweisend, zeigend*. Damit ist ziemlich genau gesagt, was die Ausdrücke leisten: Mit ihnen weist ein Sprecher auf etwas, was sich in seinem kommunikativen Umfeld befindet. Ohne Zusammenhang können deiktische Ausdrücke nicht vollkommen verstanden werden. Bei *ich* oder *gerade* kommt es darauf an, wer, wo, wann spricht. Wenn wir über dieses Wissen nicht verfügen, stehen wir auf dem Schlauch – wir verstehen nicht, wovon der Sprecher eigentlich redet. Und wir können nicht beurteilen, ob seine Aussage wahr sein könnte:

deiktische Ausdrücke

(4) Angela Merkel ist die deutsche Bundeskanzlerin.

(5) Ich bin die deutsche Bundeskanzlerin.

Bei (4) wissen Sie, wie Sie die Behauptung überprüfen könnten. Bei (5) müssen Sie erst mal schauen, wer das gesagt hat.

Deiktika werden auch als grammatikalisierte Formen von Gesten gesehen: Man kann mit ihnen Handlungen vollziehen, für die es – zumindest in einfachen Fällen – auch nicht-sprachliche Alternativen gibt. Tomasello (2009) will zeigen, dass Zeigegesten für die Entwicklung der kommunikativen Fähigkeiten – sowohl phylogenetisch als auch ontogenetisch – eine entscheidende Rolle spielen, gar zur menschlichen Grundausstattung gehören und den Menschen von anderen Primaten unterscheiden. Bis zum eigentlichen kommunikativen Gebrauch, als Teil von Aufforderungen oder als Mittel der Aufmerksamkeitssteuerung, ist der Weg noch weit. Dazu müssen Sprecher sich und den Partner als intentional Handelnde verstehen und Handlungen antizipieren können. Kinder beginnen damit im Alter von neun Monaten, Tiere lernen es nie. Allerdings sollte die Vagheit von Zeigegesten bedacht werden. Wenn Sie einem des Deutschen nicht kundigen Mitmenschen erklären wollen, was *schwarz* bedeutet, könnten Sie auf etwas Schwarzes zeigen. Aber wie soll der Partner erkennen, dass Sie nicht das Ding oder irgendwas drumrum meinen? Um eine Zeigegeste zu verstehen, muss man schon einiges wissen.

Bei verbalen Mitteln des Zeigens ist es ähnlich: Bekanntlich beziehen sich Kinder auf sich selber und auf andere zuerst mit Eigennamen. Der Erwerb deiktischer Pronomen folgt erst in einer späteren Phase des Spracherwerbs. Sprachliche Handlungen mit Zeigecharakter müssen einen noch höheren Informationsgehalt aufweisen als bloße Gesten. Und sie müssen auf gut abgesichertes gemeinsames Wissen von Sprecher und Hörer bauen.

Bühlers Origo

In der Kommunikation setzt ein Sprecher mit dem Äußern von *ich* einen deiktischen Nullpunkt. Das ist der Ausgangspunkt, auf den er sich mit den Wörtern *hier* und *jetzt* beziehen kann. Sie erlauben und erfordern räumliche, persönliche und zeitliche Orientierung. *Hier* markiert den Ort, an dem der Sprecher sich im Moment der Äußerung befindet, und *jetzt* den Moment der Äußerung. Der Hörer kann nur verstehen, was der Sprecher mit Wörtern wie *morgen, gestern, da* oder *hinten* meint, wenn er diesen Ausgangspunkt kennt.

Jeder Sprecher stellt also gewissermaßen die Origo auf Null, wenn er den Mund aufmacht. Das bedeutet, dass die Origo im Gespräch laufend verschoben wird, sozusagen hin und her switcht. Die Origo zu identifizieren ist leicht, wenn Sprecher und Hörer sich am gleichen Ort befinden und im Wesentlichen das Gleiche wahrnehmen. Bei einem Telefonat mit dem Handy oder mit einem Brief wird es schon schwieriger; es reicht nicht, so etwas wie *da drüben* oder *eben* zu sagen oder zu schreiben. Man muss dem Adressaten signalisieren, wo der Nullpunkt ist. Wenn das geklärt ist, kann man sich mithilfe von deiktischen Ausdrücken und zusätzlichen Hilfen auf Zeitpunkte, Zeiträume, Orte und Personen so beziehen, dass der Hörer sie identifizieren kann. Zusätzlich können in direkter Kommunikation Gesten die Äußerung von *hier rechts* begleiten, in der Kommunikation am Telefon genauere Ortsbeschreibungen oder im Brief das Datum.

Hier erkennen wir, dass der Nullpunkt des Koordinatensystems nicht immer mit der Position des Sprechers im Moment der Äußerung übereinstimmen muss:

- Wir können einen neuen Nullpunkt außerhalb setzen.
- Wir können uns an die Stelle eines Anderen versetzen, etwa, wenn wir etwas erzählen, und dann unser Verweissystem von diesem imaginierten Punkt aus organisieren.

Deiktika

Deiktische Ausdrücke gehören zu unterschiedlichen Wortarten. Sie sind nur im Zusammenhang der Äußerung verstehbar und tragen entscheidend dazu bei, dass ein Satz kommunikativ verwertbar wird. Man kann es auch so sagen: Deiktika sind Variablen in einer Äußerung, für die der Hörer eine Füllung, eine Sättigung suchen muss; ihre prinzipielle Vagheit wird normalerweise durch den Rekurs auf das gemeinsame Wissen aufgelöst.

2.2 Personaldeixis

Die Personaldeixis konstituiert die Grundkonstellation menschlicher Kommunikation und die entsprechenden Gesprächsrollen.

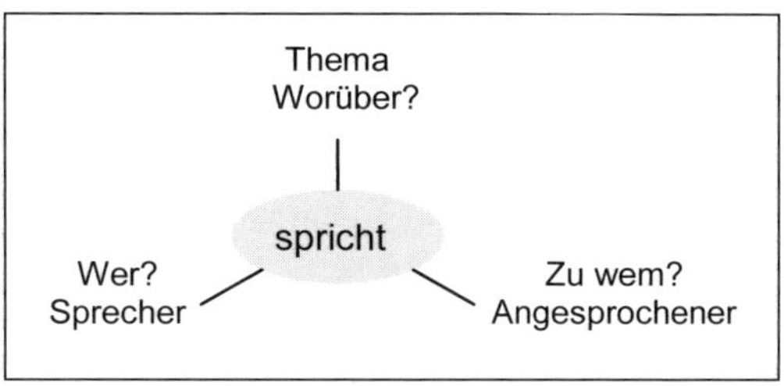

Diese Trias zeigt sich in der grammatischen Kategorie Person:

1. Person: *ich, wir*	2. Person: *du, ihr*	3. Person: *er, sie, es*

Personalsystem

Zentrale sprachliche Mittel sind hier die Personalpronomen und die zugehörigen Possessivpronomen.
Wenn in einem Gespräch jemand *ich* sagt, dann bezieht er sich ziemlich eindeutig auf sich selber in seiner Funktion als Sprecher und als deiktisches Zentrum. In einem Alltagsgespräch sehen und hören wir natürlich, wer spricht. Wenn wir den Sprecher nicht sehen, muss er sich irgendwie identifizieren. Bei *du* (oder *Sie*) wird schon schwieriger zu identifizieren, wer gemeint ist – zumindest, wenn mehrere potentiell ansprechbare Personen anwesend sind. Dann helfen uns nicht-sprachliche Aktivitäten (Blickrichtung, Kopfbewegung), Wissen über den bisherigen Verlauf der Unterhaltung, Kenntnis der Beteiligten und der Situation. *ich* und *du* markieren die Ausgangsdyade jeder kommunikativen Konstellation. In Gesprächen wechseln die Rollen und damit die Origines, während die 3. Person für beide der oder die Andere bleibt, außerhalb der direkten Gesprächssituation.
Bei *wir* können wir verschiedene Ausformungen des Bezugs unterscheiden. Das Personalpronomen ist nicht einfach der Plural von *ich*. Das wäre auch schwer vorstellbar. *Wir* bedeutet in etwa „ich und ein oder mehrere Andere". Im Kontext der Äußerung kann das spezifiziert werden. Vor allem geht es darum, ob Angesprochene zu den Anderen zu zählen sind oder nicht. In (6) bis (8) haben wir Indizien, dass sie dazugehören.

inklusives *wir*

(6) Wir sind alle Ausländer. Fast überall.
(7) Ich habe das Gefühl, wir reden hier aneinander vorbei.
(8) Bei der nächsten Bombe sind wir tot.

Die folgenden Sätze verstehen wir eher als Beispiele für eine exklusive Verwendung:

exklusives *wir*

(9) Sie wünschen – wir spielen.
(10) Benachrichtige uns, wir verhängen dann ein Ordnungsgeld.

Es gibt noch weitere Verwendungen; die sind aber eher selten:
(11) Wir schreiben heute ein Diktat.
(12) Wir sind der Meinung, die Argumentation ist nicht schlüssig.

In (11) haben wir das pädagogische Wir – der Sprecher nimmt sich aus. (12) spielt mit dem Plural. Ein Sprecher spricht – wie der Papst – von sich in der Mehrzahl. Wir wissen, dass es sich um eine Person handelt, und er weiß, dass wir das wissen. Wahrscheinlich will er sich besonderes Gewicht geben.
Das Pronomen *wir* ist also vage und die Kategorisierung als 1. Person verkürzt. Was gemeint ist, müssen wir aus dem Kontext verstehen. In manchen Sprachen sind auch Dritte eingeschlossen.

2.3 Lokaldeixis

Die Lokaldeixis konstituiert die drei Dimensionen des Raums. Der Sprecher als Origo blickt nach vorn und hinten, nach rechts und links, nach oben und unten.

Deiktisches Lokalisieren

Wenn Sie einen Gegenstand identifizieren wollen, dann können Sie ihn benennen, beschreiben oder im Raum lokalisieren. Für die Lokalisierung gibt es wieder verschiedene Optionen:

(13) München liegt südlich von Berlin.

(14) München liegt hinter den Alpen.

Mit (13) wird die Lage Münchens relativ zu einem festen Punkt angegeben. Um das zu verstehen, müssen Sie nicht wissen, wo ich mich befinde oder wo der Nullpunkt des Koordinatensystems ist. Die Äußerung von (14) hingegen verstehen Sie nur, wenn Sie wissen, dass ich im Moment der Äußerung südlich der Alpen bin (und wenn Sie über geografische Grundkenntnisse verfügen). Das wäre deiktische Lokalisierung. Ihr Verständnis setzt voraus, dass der Adressat das deiktische Zentrum kennt, von dem aus der Sprecher kommuniziert. Präpositionen wie *hinter, unter, vor, neben, über* werden deiktisch verwendet. Ein besonderer Fall tritt ein, wenn die Lokalisierung relativ zu Gegenständen erfolgt, die für uns eine bestimmte räumliche Ausrichtung haben:

(15) Die Katze liegt hinter dem Haus.

(16) Die Katze liegt hinter dem Baum.

Orientierte Gegenstände

Manchen Gegenständen schreiben wir eine intrinsische räumliche Origo zu. Ein Haus hat für uns eine Vorder- und eine Rückseite. (15) ist unabhängig von der Position des Sprechers zu verstehen, der Nullpunkt ist das Haus. Bei Bäumen ist es anders, sie haben keine intrinsische Vorderseite (allerdings ein Oben und Unten), also ist (16) auf die Origo des Sprechers bezogen. In beiden Fällen ist die Präposition aber ein deiktischer Ausdruck.

Dimensionen räumlich

Die Dimensionen der Lokaldeixis manifestieren sich im Deutschen in den Lokaladverbien *hier* vs. *da*/ *dort*, also zwischen Objekten, die sich in der Nähe des Sprechers befinden (das kann ein größerer Bereich sein: *hier in Deutschland*), und solchen, die der Sprecher als entfernt kennzeichnet. Analog: *dieses Buch* vs. *jenes Buch.*

Neben Präpositionen und Demonstrativa gibt es direktionale Lokaladverbien (*hin* vs. *her, hinunter* vs. *herunter*), die eine Bewegung im Raum relativ zum deiktischen Zentrum angeben können. Auch Bewegungsverben haben so etwas wie eine eingebaute deiktische Komponente: Bei *kommen* weiß man erst dann, was gemeint ist, wenn man die Position des Sprechers kennt; das Verb wird für eine Bewegung zur Origo hin verwendet, *gehen* hingegen für eine Bewegung vom deiktischen Zentrum weg.

In manchen Sprachen wird differenziert: nahe beim Ich, nahe beim Du und fern von beiden, oder feiner als grob nur Nähe und Ferne.

Textdeixis

Texte konzipieren wir metaphorisch räumlich. So können wir sie auch lokaldeiktisch strukturieren. Wir denken sie uns auf einer fortlaufenden Fläche – vielleicht von den Rollen früherer Zeiten her –, deren Anfang oben und deren Ende unten ist. So können wir schreiben: *wie oben erwähnt, siehe oben, vgl. weiter unten*. Ähnlich auch auf die einzelne Seite orientiert: *Zeile 3 von oben*.
In solchen Fällen beziehen wir uns nicht auf Objekte oder Ereignisse unserer Umgebung, sondern auf Textstellen. Der Nullpunkt des Orientierungssystems ist dann die Stelle, an der der Verfasser beim Schreiben, besser: der Leser beim Lesen gerade angekommen ist.
Der folgende Artikelvorspann aus Spiegel.online enthält ein Mittel der Textdeixis:

Rücktrittserklärung im Wortlaut: Bleibe bei dem, was dir dein Herz rät
Folgen eines Fehltritts: Nach einer Autofahrt unter Alkoholeinfluss ist Bischöfin Margot Käßmann von allen Spitzenämtern zurückgetreten. Sie könne und wolle nicht darüber hinwegsehen, dass ihre „Autorität beschädigt" sei. Hier ihre Rede im Wortlaut.

Das Adverb *hier* weist auf die Stelle, den Bildschirm, auf dem der angekündigte Text zu lesen ist.

2.4 Temporaldeixis

Die Temporaldeixis konstituiert unser lineares Erleben der Zeit. Zeit haben wir insgesamt metaphorisch konzipiert nach Raum (*Zeitraum*!), wenngleich modifiziert und in den Dimensionen auf eine reduziert: Vom Jetzt der Origo aus gibt es ein Vorher und Nachher.

Temporal situieren

Für die temporale Situierung gibt es mehrere Möglichkeiten. Dafür verwenden wir lokale Präpositionen temporal:
(17) Die Mauer fiel am 9. November 1989.
(18) Die Mauer fiel in der friedlichen Revolution der DDR.
(19) Die Mauer fiel vor 20 Jahren.
Im Beispiel (17) wird das Ereignis auf einer Zeitskala situiert im kalendarischen System, das wir verwenden, um Zeit objektiv zu messen. (18) situiert den Fall der Mauer in Relation zu einem anderen Ereignis, das hier als Fixpunkt dient. Nur (19) ist ein prototypischer Fall von Deixis: Hier muss man wissen, in welchem Jahr der Sprecher den Satz äußert, um entscheiden zu können, ob die Aussage zutrifft.
Der Ausgangspunkt des Koordinatensystems, von dem aus die temporaldeiktischen Ausdrücke verwendet und verstanden werden, ist der Moment, in dem der Sprecher seine Äußerung produziert – eben jetzt. Wenn man sagt, dass etwas jetzt stattfindet, dann kommuniziert man, dass Ereigniszeit und Sprechzeit zusammenfallen. Dabei sind wir aber ziemlich flexibel – vor allem im Hinblick auf die Ausdehnung des Jetzt. Öfter wird als Bezugszeit der Tag genomen.

Mit anderen zeitlichen Deiktika wird – ausgehend von der Sprechzeit und relativ zu dieser – das Ereignis oft skalar eingeordnet.

> einst ← neulich ← vorhin ← **jetzt** → sofort → gleich → nachher → bald → demnächst
>
> Bezugsgröße *Tag*: vorgestern ← gestern ← **heute** → morgen → übermorgen

Das System des Deutschen ist nicht naturgegeben. Andere Sprachen haben in diesem Bereich andere sprachliche Ordnungen.

Diskursdeixis

Im Diskurs kommt es vor, dass man sich im Laufe der Kommunikation auf etwas bezieht, was vorher zur Sprache kam oder was später noch zur Sprache kommen wird. Solche Bezugnahmen strukturieren den Text oder das Gespräch. Sie sind ein wichtiges Moment der Textualität: Sie stiften und signalisieren inhaltliche Zusammenhänge zwischen verschiedenen Textteilen.

Ein Diskurs ist eine Sequenz sprachlicher Handlungen. Sie sind seriell zeitlich angeordnet. Darum können wir im Diskurs temporaldeiktisch Bezüge herstellen. Das gilt sowohl beim Sprechen wie auch beim Lesen: *das werde ich nachher noch genauer sagen, dazu sagen wir hier nichts.*

2.5 Anaphorik

> **Mallorca per Rennrad: Lieber tot als Zweiter**
>
> Mallorca im Frühjahr hat seinen ganz eigenen Charme, vor allem für Radfahrer. Zu Tausenden holen sich hier ambitionierte Rennradler die nötige Frühform – um sie postwendend mit gutem Essen und Wein wieder zu ruinieren.

Natürlich radeln die Rennradler auf Mallorca. Das verstehen wir, weil wir *hier* als Rückverweis auf den Ausdruck *Mallorca* verstehen.

> Nach einer Autofahrt unter Alkoholeinfluss ist Bischöfin Margot Käßmann von allen Spitzenämtern zurückgetreten. Sie könne und wolle nicht darüber hinwegsehen, dass ihre „Autorität beschädigt" sei. Hier ihre Rede im Wortlaut.

Im Käßmann-Text wird mehrmals von der gleichen Person gesprochen. Sie wird erst mit Namen und Titel eingeführt, sodass der Leser versteht, um wen es geht. Dann wird mit *Sie* und *ihre* weiter auf die Person Bezug genommen. Solche innertextlichen Bezüge sind wichtig für das Verständnis von Texten. Ihre Rekonstruktion erfordert aber für Leser oder Hörer Einiges an Wissen.

Anapher und Antezedens

Die Bezüge sind anaphorische Verweise, Rückverweise auf einen vorher verwendeten Ausdruck, das Antezedens. Dieses wiederum ist eine Zwischenstufe, über die man gehen muss, wenn man wissen will, wovon die Rede ist. Durch die Verwendung solcher Ausdrücke nimmt der Sprecher indirekt Bezug auf Personen oder Gegenstände.

Katapher

Neben Rückverweisen gibt es Vorverweise auf nachfolgende Ausdrücke (Sukzedenz), sie heißen Kataphern. Über Anaphern, Kataphern, Wiederholungen und andere Formen von Wiederaufnahme konstituiert sich in jedem Text eine Kette von Verweisen:

(20) Pit kauft sich ein neues Motorrad. Die Maschine ... sie ...

(21) Seine Frau ... dieses Luder ... das Mensch ... es

bridging

Im Common Ground (oder im gemeinsamen Wissen) werden hier synonymische Relationen vorausgesetzt, über die Koreferenz hergestellt wird. Ähnlich funktioniert das sog. bridging:

(22) Sie trat ins Zimmer. Das Fenster stand offen.

(23) Er war schon oft in Italien. Aber er kann die Sprache nicht.

Die Verwendung des definiten Artikels in *das Fenster, die Sprache* muss durch einen assoziativen Zusammenhang gesichert sein: Wir wissen, dass ein Zimmer normalerweise mindestens ein Fenster hat, und wir wissen, dass zu einem Land im Normalfall eine Sprache gehört. Auch das könnte man als eine Art Anaphorik sehen.

Regeln für Anaphorik

Um den roten Faden zu entwickeln, muss der Leser die Bezüge zwischen anaphorischen Ausdrücken und ihrem Antezedens erfassen.

- Er braucht grammatisches Wissen: Das anaphorische Pronomen kongruiert in Genus und Numerus mit dem Antezedens: *Sie* und *ihre* in der Käßmann-Meldung brauchen einen femininen oder pluralischen Bezugsausdruck. Plural scheidet aus, weil das finite Verb im Singular steht. Als mögliches Antezedens passt *Bischöfin Margot Käßmann*.
- Normalerweise muss man das Antezedens in der Nähe der Anapher suchen. Kompetente Leser wissen, dass zwischen Antezedens und Anapher nicht zu viel Text stehen sollte, vor allem nichts, was selbst als Antezedens in Frage käme. Hier kann auch Wissen über die Struktur von Texten helfen.
- Zum textuellen Wissen gehört die Kenntnis einer weiteren Tendenz: Die Anapher bezieht sich mit einer gewissen Wahrscheinlichkeit auf das Thema eines Satzes oder eines Abschnitts. Über die Rekonstruktion von Verweisketten kann man deutlich machen, worum es in einem Text hauptsächlich geht.
- Als Bezugswort präferiert wird das Subjekt des vorherigen Satzes. Das zweite *ihre* könnte sich grammatisch auch auf *Autorität* beziehen, das Subjekt als Antezedens ist aber wahrscheinlicher und hier auch die richtige Lösung.
- Schließlich kann auch das Weltwissen für die Deutung herangezogen werden: Es sollte eine sinnvolle Deutung des Satzes herauskommen. Es wäre kaum sinnvoll zu sagen, dass man den Wortlaut einer Rede abdrucken will, die die Autorität der evangelischen Bischöfin gehalten hat.

Wer einem Gesprächspartner etwas mitteilen will, steht vor der Aufgabe, seinen Text so zu organisieren und zu strukturieren, dass der Hörer oder Leser ihm ohne allzu großen Aufwand folgen kann, sonst lässt er es irgendwann. Der Hörer wiederum muss, wenn er verstehen will, worum es geht, die Struktur und die Organisation des Textes durchschauen. Dabei spielt pragmatisches Wissen eine entscheidende Rolle.

2.6 Exempel: Werbekommunikation

Werbende Botschaft

Werbekommunikate sind komplexe Botschaften. Ihre kommunikative Grundstruktur sieht im allgemeinen so aus:

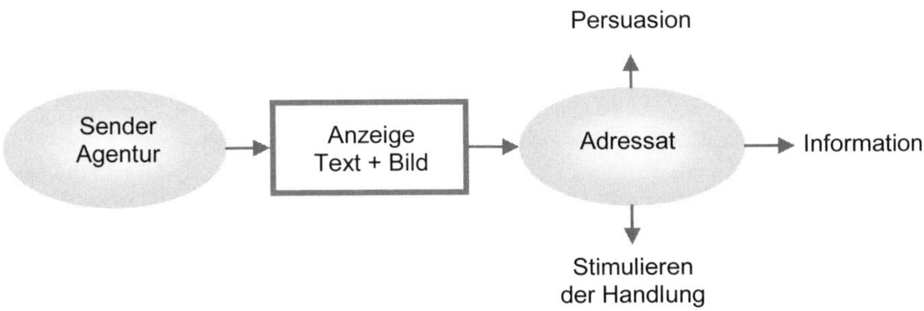

Der Textinhalt und die sprachlichen und außersprachlichen Mittel zur Gestaltung der Botschaft stehen im Dienste dieser Funktionen. Sie werden mit großem Aufwand und in vielen Fällen mit großem Sachverstand ausgewählt.
Tatsächlich ist die Kommunikationssituation wesentlich komplexer. Im Text spielen Deiktika eine wichtige Rolle.

Anzeige von TUIfly

Zentral in dieser Anzeige ist die Betonung der Flexibilität. Sie gibt auch dem beworbenen Tarif den Namen.
Das Unternehmen informiert nebenbei,

- dass in seinen Flugzeugen verstellbare Rückenlehnen zur Standardausstattung gehören,
- dass die Maschinen darüber hinaus noch mehr Komfort bieten.

Hervorgehoben, auch grafisch, ist,

- dass es ein neues Tarifsystem gibt.

Deuten der Deixis

Der Text enthält das Personalpronomen der 1. Person Plural im Dativ: *uns*. Das ist der einzige deiktische Verweis in der Anzeige. Naheliegende Deutung: Es steht für den Sender und wen sonst? Aus dem Text wird man entnehmen, dass die Adressaten nicht mitgemeint sind. Es handelt sich um ein exklusives *wir*. Gemeint ist das werbende Unternehmen. Es will dem Leser vermitteln, dass man in seinen, eben unseren Flugzeugen bequem reist.

Aber das ist nicht alles. Die Vagheit der Referenz des deiktischen Ausdrucks wird genutzt, um eine zweite Ebene der Kommunikation aufzumachen: Das Bild zeigt einen Piloten vor einem diffusen Hintergrund, auf dem das Heck eines Flugzeugs mit TUI-Logo zu erkennen ist. Der Pilot ist im Gespräch mit einem gut gekleideten Mann, wahrscheinlich ein potentieller Fluggast. Die Körperhaltung des Piloten legt nahe, dass er dem Partner etwas erklärt. Was? Sicherlich – so steht zu vermuten –, dass das Unternehmen, für das er arbeitet, besonders flexibel ist, eben was der Text der Anzeige behauptet. So kommuniziert die Anzeige, dass auch die leitenden Mitarbeiter von TUI vom Bordservice überzeugt sind und dass sie sich mit ihrem Arbeitgeber identifizieren.

Der Stellvertreter

Über die Ambiguität des Personalpronomens wird auf eine Geschichte in der Geschichte verwiesen: TUI kommuniziert über die Anzeige mit dem Betrachter. Innerhalb der Anzeige kommuniziert ein Akteur, hier ein Mitarbeiter des Unternehmens und Experte, mit einem Gesprächspartner, mit dem sich der Betrachter und potentielle Kunde wohl identifizieren kann (vielleicht sogar eine Frau). Wenn TUI der Primärsender in dieser Kommunikation ist, wird der fiktive Pilot zu einem Sekundärsender. Unter der realen Kommunikation zwischen TUI und potentiellem Kunden wird eine fiktive Ebene der Kommunikation zwischen den handelnden Personen angelegt. Solche Sekundärsender auf der fiktiven Ebene sind in der Werbung häufig, sie können als *testimonial*, z. B. als Unternehmensvertreter, als externer Experte und Ähnliches auftreten und entweder, wie im Beispiel, nur mit einem internen Gesprächspartner kommunizieren oder (auch) direkt mit dem Betrachter. Wer sich mit welcher Botschaft an wen wendet, das erkennt man nicht zuletzt am Gebrauch von sprachlichen Mitteln der Personaldeixis.

Im zweiten Satz der Anzeige wird vom werbenden Unternehmen in der dritten Person gesprochen. Das könnte man auch dem Stellvertreter unterlegen, der sich damit wieder außerhalb stellt und sozusagen als Neutraler eine verlässlichere Empfehlung ausspricht.

Die Einladung „Willkommen an Bord" wendet sich direkt an den Fluggast und an den Betrachter. Wer hier mit wem spricht, ist nicht ganz klar und soll wohl auch nicht klar sein. Ist es TUI oder der Stellvertreterkapitän? Oder beide? Unklarheit wird auch ausgenutzt.

Dazu gibt es auch Kleingedrucktes. Darüber reden wir hier nicht.

2.7 Fazit

Deixis ist ein Kerngebiet der Pragmatik. Deiktische Ausdrücke sind nur im Kontext verständlich: Man muss die Origo kennen, wissen, von wo aus der Sprecher seine Koordinaten organisiert, und man braucht Wissen über die Sprechsituation und den Text. Dieses Wissen wird semantisch und pragmatisch untersucht.

2.8 Aufgaben und Vertiefung

Aufgaben

1. In fiktionalen Texten wird ein eigenes deiktisches Zentrum entwickelt. Dabei geht es um die Etablierung des Ich und seiner Origo, aber auch um andere hierauf bezogene deiktische Ausdrücke.
Betrachten Sie die Romananfänge unter folgenden Gesichtspunkten:

- Wer spricht: Autor, Protagonist (= Ich-Erzähler)?
- Wie sind andere deiktische Ausdrücke bezogen?

„Heute ist Mama gestorben. Vielleicht auch gestern, ich weiß es nicht.” (Albert Camus: Der Fremde)

„Eduard – so nennen wir einen reichen Baron im besten Mannesalter – Eduard hatte in seiner Baumschule die schönste Stunde eines Aprilnachmittags zugebracht, ...” (Johann Wolfgang v. Goethe: Die Wahlverwandtschaften)

„Ein Fremder steht vor der Tür. Das bin ich. Genau genommen bin ich nicht nur den Menschen hinter der Tür fremd, sondern vor allem mir selber.” (Jan Weiler: Maria, ihm schmeckt's nicht!)

„Ich bin nicht Stiller! – Tag für Tag, seit meiner Einlieferung in dieses Gefängnis, das noch zu beschreiben sein wird, sage ich es, schwöre ich es ...“ (Max Frisch: Stiller)

2. Vergleichen Sie deutsche Deiktika mit fremdsprachlichen. Welche Unterschiede finden Sie?

3. Deutschlerner haben öfter Probleme bei der Verwendung folgender Adverbien: *damals, danach, dann, davor, früher, letztens, nachher, später, vorher, vorhin, zuerst, zuletzt, zuvor.*
Worin könnte die Schwierigkeit bestehen? Ordnen Sie die Adverbien in zwei Klassen und entwickeln Sie Lernbeispiele.

4. Vergleichen Sie Wörterbucheinträge zu Deiktika: *dies, heute, morgen, hier, dann, dort*. Verfassen Sie einen Wörterbuchartikel mit Worterklärung und Gebrauchsbeispielen zu *dort*.

5. Beschreiben und analysieren Sie den Gebrauch deiktischer Ausdrücke in Werbeanzeigen. Erkennen Sie Vagheit im Gebrauch?

Vertiefung

Wichtige Konzepte der Deixis: Fillmore (1997). Für das Deutsche: Zifonun/ Hoffmann/ Strecker (1997) Kap. C4 1.

3 Handeln, Sprechen und Kommunizieren

3.0 WarmUp und Lernziele

WarmUp

Ein Polizist hat einen Pakistani erschossen. Er hatte die Taschenlampe in dessen rechter Hand für eine Pistole gehalten. Was hat der Polizist gemacht? Welche Antwort würden Sie auf diese Frage geben? Was unterstellen Sie dabei?

- Er hat den Pakistani umgebracht.
- Er hat eine Notwehr gemacht.
- Er hat den Pakistani gekillt.
- Er hat den Pakistani ermordet.
- Er hat den Pakistani irrtümlich erschossen.

Ziele

In diesem Modul werden Sie

- eine handlungstheoretische Grundlage der Pragmatik erarbeiten,
- den Begriff der Kommunikation mit ihren Aspekten entwickeln,
- die Grundstruktur und die Rolle des Wissens in der Kommunikation erkennen.

3.1 Was ist Handeln?

Pragmatik befasst sich nicht mit sprachlichen Zeichen, Wörtern und Sätzen im luftleeren Raum, sondern mit sprachlichen Handlungen, die Sprecher damit vollziehen. Sie fragt, was sie damit erreichen wollen und können. Es geht um die Verwendung von sprachlichen Zeichen in Kommunikation. Aus diesem Grund wird eine pragmatische Theorie auch als Teil einer allgemeinen Handlungstheorie gesehen.
Allgemein wollen wir Antworten auf Fragen wie (1) Beschreibungen von Handlungen nennen:
(1) Was macht A?
Die Antworten haben die Formen (2) und (3) oder verwandte:
(2) A macht Y.
(3) A Y-t.
„A" steht dabei für den Handelnden, für Menschen oder Gruppen von Menschen und „Y" für Handlungen. Weiter wollen wir Antworten auf (1) nur dann als Handlungsbeschreibungen anerkennen, wenn auch Fragen wie (4) und (5) sinnvoll gestellt werden können:
(4) Warum macht A Y?
(5) Wozu macht A Y?
Das würde Antworten wie „A hat gehustet" als Handlungsbeschreibung ausschließen, falls A gehustet hat, weil er den Husten hat. Dann hat er keine Absicht mit seinem Husten verfolgt. Falls A jedoch gehustet hat als eine Art Ironiesignal, dann wäre mit der Antwort durchaus eine Handlung von A beschrieben.

Ein anderes Kriterium wäre, dass man Sätze, die Handlungen beschreiben, in sinnvolle Imperative transformieren kann.

(6) Husten!

Der Imperativ (6) kann sinnvoll sein als Aufforderung bei einer Röntgenuntersuchung, aber nicht als Aufforderung, ein normales, durch Krankheit verursachtes Husten zu produzieren.

Handlung vs. Ereignis

Was hat der Polizist im WarmUp also gemacht? Manche stellen sich eine Antwort auf diese Frage so vor wie eine minutiöse – sie sagen auch objektive – Beschreibung folgender Art:

(7) Die Pistole in der Hand des Polizisten richtete sich auf den Pakistani. Dann krümmte sich der Finger am Abzug und löste einen Schuss aus. Der traf den Pakistani über der Nasenwurzel, worauf er tot umfiel.

Die Ereignisbeschreibung nützt uns wenig, wenn wir eine der folgenden Antworten als eher zutreffend auswählen möchten.

- Er hat den Pakistani umgebracht.
- Er hat eine Notwehr gemacht.
- Er hat den Pakistani irrtümlich erschossen.

Wenn wir die Handlungen des Polizisten erklären oder verstehen wollen, genügt nicht unbeteiligte Beobachtung und Beschreibung der Ereignisse. Wir müssen vielmehr die Handlungen im Zusammenhang des Lebens des Polizisten sehen, etwas von seiner Absicht wissen, von seiner Angst und sie erklären können.

Was ist aber die Differenz zwischen der Handlung, dass der Polizist seinen Finger krümmt, und dem Ereignis, dass der Finger sich krümmt?

Handelnde verfolgen Absichten

Ein Unterschied ist: Der Polizist kann dafür sorgen, dass sein Finger sich krümmt, wenn er will. Das Wollen scheint also ein Spezifikum des Handelns. Allerdings ist dieses Wollen nicht so etwas wie ein Entschluss oder eine Entscheidung, denn dann wäre es selbst eine Handlung und falls der Handlung das Wollen der Handlung vorausginge, müsste dem Wollen qua Handlung wieder ein Wollen, das Wollen-Wollen vorausgehen usf. Wir kämen in einen Regress, der uns nie zum Handeln kommen ließe. Deshalb ist das Wollen nicht eine Handlung, sondern es gehört als Bestandteil zur Handlung.

Handeln wollen

Das Wollen einer Handlung ist jedoch nicht notwendige Voraussetzung für die Handlung. Denn man kann durchaus etwas tun, was man nicht gewollt hat. Wir können uns z.B. vertun.

Ein dem Wollen verwandtes Merkmal von Handlungen ist die Absicht, die man dabei haben kann. Von der Absicht oder von der Intention ist meistens die Rede, wenn wir Handlungen erklären wollen. Doch bei vielen Handlungen ist normalerweise klar, ob sie mit oder ohne Absicht gemacht werden. Darum ist die Frage, ob wir dieses Buch absichtlich geschrieben haben, komisch. Bei solchen Handlungen wird die Frage, ob sie absichtlich oder nicht absichtlich gemacht wurden, kaum auftauchen.

Wir wollen verschiedene Lehren ziehen:

- Man kann die Absicht haben X zu machen und trotzdem Y machen. Nicht einmal wenn man die Absicht hat X zu machen und X macht, ist gesichert, dass die Absicht die Ursache der Handlung war. Darum kann sie schon gar nicht kausale Ursache sein.
- Nur der Handelnde kann wissen, was für eine Absicht er hat.

Regeln und Verstehbarkeit

Unsere Auffassung des menschlichen Handelns geht davon aus, dass wesentliches Merkmal Verstehbarkeit ist, und zwar nicht nur in dem Sinn, dass wir uns jeder für sich eine Deutung dazu machen können, sondern dass das Handeln schon nach einem Muster vollzogen wird und sozial bestimmt ist. Verstehen besteht darin, dass zwei Individuen auf die gleiche Regel oder eine ähnliche Regel rekurrieren.

Wir können die Handlung nur verstehen unter Bezug auf ein Muster oder eine Regel, nach der sie gemacht wurde. Die Regeln sind nicht festgesetzt oder kodifiziert. Es gibt niemanden, der die Bedingungen ihrer Anwendungen regelt, sondern wir tun das, indem wir sie befolgen oder auch von ihnen abweichen. Das Verstehen einer Handlung nach einem bestimmten Muster setzt die Kenntnis dieses Musters voraus. Wenn relevante Merkmale passen, die das Muster verlangt, dann verstehen wir die Handlung nach diesem Muster.

Eine Definition

In einer Art Zusammenfassung können wir sagen:

> Sprachliches Handeln ist sinnvolles und zweckgerichtetes Tun, das über bloßes Verhalten hinausgeht. Eine Handlung wird in der Regel absichtlich, willentlich und bewusst vollzogen, ist vom Handelnden prinzipiell kontrollierbar und von ihm auch zu verantworten. Handlungen sind nicht objektiv gegeben, sondern von einer Deutung, also einer Zuschreibung zu einem Muster abhängig. Gewöhnlich wird die Deutung nach konventionell eingespielten sozialen Regeln von den Beteiligten vollzogen.

Handlungen beschreiben

Menschliche Handlungen sind in verschiedener Weise komplex, innerlich strukturiert. Wichtige Aspekte der inneren Struktur sind:

- Die indem-Relation
- Die Voraussetzungen
- Die Handelnden
- Die Spezifizierung
- Die Sequenzierung

Die indem-Relation

Eine Handlung kann vordergründig nach zwei Mustern gemacht sein und es ist dennoch nur eine Handlung. Man sagt auch, dass sie erzeugt sei: Man macht etwas, indem man etwas Anderes macht.

(8) Ich sage etwas, indem ich etwas äußere, oder ich beleidige jemanden, indem ich etwas sage.

Das heißt nicht, dass zwei Handlungen zeitlich aufeinander folgen. Deshalb kann hier auch nicht die eine Handlung die Ursache der anderen sein, denn das setzt die zeitliche Abfolge voraus.

Im Deutschen wird die Erzeugungsrelation durch *indem* oder *dadurch, dass* bezeichnet , im Englischen durch *by*: *learning by doing*.

Alternativen

Eine Handlung ist nicht nur einer Erzeugung zugeordnet. Es gibt Alternativen. Ich kann jemand beleidigen, indem ich ihm den Vogel zeige oder den Stinkefinger oder äußere „Du Sau!". Wir nennen so etwas eine Zerlegung der Handlung. Zerlegungen bleiben im allgemeinen offen, weil es zu jedem Muster viele erzeugbare Muster gibt und ständig neue geben kann. So kann ich nicht nur jemanden begrüßen, indem ich ihm zulächle oder ihm die Hand gebe, ich kann ihm unter gewissen Bedingungen auch den Fuß geben und er wird das als Begrüßung verstehen.

Voraussetzungen

Eine bestimmte Handlung kann nicht in jeder x-beliebigen Situation gelingen. Man kann zwei Menschen nur versöhnen, wenn beide sich zerstritten haben und noch zerstritten sind. Und man kann jemand nicht per Handschlag begrüßen, wenn man mit ihm telefoniert. Es gibt Bedingungen, die notwendig erfüllt sein müssen, damit jemand nach einem Handlungsmuster handeln kann. Diese Bedingungen zu formulieren ist wichtiger Bestandteil der Handlungsbeschreibung und der Pragmatik.

Die Bedingungen werden in Aussagesätzen gegeben. Nur wenn sie als erfüllt angesehen werden, kann man so und so handeln. Allerdings sind dies nicht grundsätzlich objektive Bedingungen oder Tatsachen. Für die Deutung einer Handlung genügt es oft, dass die Beteiligten davon ausgehen, dass sie gelten.

Situation

Mit den Bedingungen werden typische Merkmale der Situation verlangt, in der eine Handlung ausgeführt werden kann. Bedingungen definieren die relevanten Aspekte der Situation. Man kann verschiedene Typen unterscheiden. So wäre die Bedingung dafür, dass jemand Holz hacken kann, dass er Holz hat, eine Art physikalischer Satz. Hingegen ist die Bedingung dafür, dass jemand einem andern etwas befehlen kann, sozialer Natur: Er muss eine bestimmte Stellung in der entsprechenden Hierarchie haben. Diese Einteilung lenkt aber unseren Blick davon ab, dass all diese Bedingungen konventionell sind. Sie sind konstitutiver Teil des Handlungsmusters.

Untermuster
Spezifizierung

Es kommt vor, dass die Verwandtschaft zweier Muster enger ist, als eine Zerlegung sie darstellt. So ist zwar anzunehmen, dass für „etwas sagen" und „Danke sagen" gilt, das man das eine tun kann, indem man das Andere tut, auch wenn das manchmal etwas eigenartig klingen mag. Irgendwie scheint das letztere im ersten enthalten zu sein, es ist eine Spezifizierung. *Danke* ist ein spezifizierender Operator. Spezifizierungen sind für sprachliche Handlungen oft entscheidend. Sie skizzieren Frames oder Skripts. So Verbframes hier:

sagen: jemandem, etwas	sprechen: über etwas, mit jemandem
zeigen: jemandem, etwas	kommunizieren: mit jemandem, über etwas

Sequenzmuster

Regelmäßig aufeinander folgende Handlungen können eigene Muster konstituieren (wie kleine Textstücke oder Gesprächsabschnitte). Sie heißen Sequenzmuster. Handlungen nach Sequenzmustern heißen Sequenzen. Zum Beispiel bestimmte Abfolgen am Beginn von Telefongesprächen. Von einer Sequenz sprechen wir nur, wenn die Abfolge regulär oder musterhaft ist:

(9) Fragen – Antworten Gruß – Gegengruß

Schon leichte Abweichungen können zu denken geben: *Auf Wiederschaun – Tschüss* gegenüber: *Servus – Servus*.

Unterlassung Abweichung

Unterlassungen macht man, wenn bestimmte Bedingungen C erfüllt sind und ein allgemeines Gebot akzeptiert wird: Immer wenn C, dann musst du eine bestimmte Handlung machen. Alles andere wäre eine Unterlassung. Etwa wenn einem jemand etwas befiehlt und man tut es nicht. Es ist klar, dass das jeweilige Gebot nicht irgendwie kausale Zusammenhänge beschreibt, sondern konventionelle. Darum ist es eben auch möglich, dagegen zu verstoßen, und zwar ohne dass das irgendwie gefährlich oder schlecht wäre. Unterlassungen sind oft moralisch geboten.

Interaktion

Unter einer Interaktion wollen wir ein Sequenzmuster verstehen mit mindestens zwei Komponenten, so dass

- mindestens zwei Partner P_1 und P_2 beteiligt sind,
- die Handlung(en) des P_2 als Reaktion auf eine Handlung des eröffnenden Partners P_1 aufzufassen ist (sind).

Die erste Bedingung, dass jeder der Partner mindestens einmal in einer Interaktion etwas tun muss, hat zur Folge, dass jede Interaktion mindestens zwei Komponenten hat. Jede der Komponenten kann ihrerseits wieder aus komplexen Mustern bestehen. Wir nennen sie einen Zug, in Gesprächen auch turn. So können wir präzisieren, dass jede Interaktion aus mindestens zwei Zügen bestehen muss.

Kooperation Kompetition

Eine Interaktion heißt Kompetition oder kompetitive Interaktion, wenn durch sie nicht beide Partner das gleiche Ergebnis erreichen wollen und können. Ein Fußballspiel ist eine Kompetition, weil jede Mannschaft spielt, um zu gewinnen, und falls die eine gewinnt (ihr Ziel erreicht), die andere verliert (ihr Ziel nicht erreicht). Allerdings liegt einer solchen Kompetition eine übergeordnete Kooperation zu Grunde. Chorsingen sollte eine Kooperation sein, weil alle Beteiligten eine möglichst gelungene Aufführung als Ergebnis wollen und der Sinn des Chorsingens auch darin besteht, abgestimmt und miteinander zu singen.

3.2 Kommunizieren und Kommunikation

Menschliche Kommunikation ist Interaktion zwischen zwei oder mehr Partnern. Zur Kommunikation gehören also immer mindestens zwei. Es gibt einen, der aktiv etwas produziert, und einen, der rezipiert oder besser gesagt: versteht. Diese Rollen können wechseln.

Spezifikum der kommunikativen Interaktion ist, dass Zeichen verwendet werden. Die Zeichen – meistens sind es Wörter – können unterschiedlicher Art sein. Zeichen haben Bedeutung. In einer Zeichentypologie werden vor allem unterschieden: Symptom, Ikon und Symbol. Um Zeichen zu verstehen brauchen wir ein bestimmtes geglaubtes Wissen, auf dessen Basis wir inferieren.

Zeichenarten

- Um ein Symptom zu verstehen braucht es Sachwissen. Jemand errötet, wenn er sich schämt, lügt usw. Erröten ist ein Symptom, ein Anzeichen hierfür. Symptome dienen nicht der Kommunikation, weil sie nicht mit Absicht produziert werden. Sie sind kausal begründet.
- Um ein Ikon zu verstehen muss man eine Ähnlichkeit sehen zwischen dem Zeichen und dem Bezeichneten.
- Um ein Symbol, ein sprachliches Zeichen zu verstehen muss man die Konvention kennen, nach der das Zeichen verwendet wird. Der Gebrauch ist durch Konvention geregelt. Darüber entscheidet nicht das Individuum.

Menschliche Kommunikation wird öfter in Modellen dargestellt. Sie können veranschaulichen oder wesentliche Aspekte herausgreifen. Ein einfaches Modell basiert auf Einsichten von Bühler (1934). Es veranschaulicht das Skript: kommunizieren mit jemandem über etwas in der Dreiecksform.

Bühlers Zeichenmodell

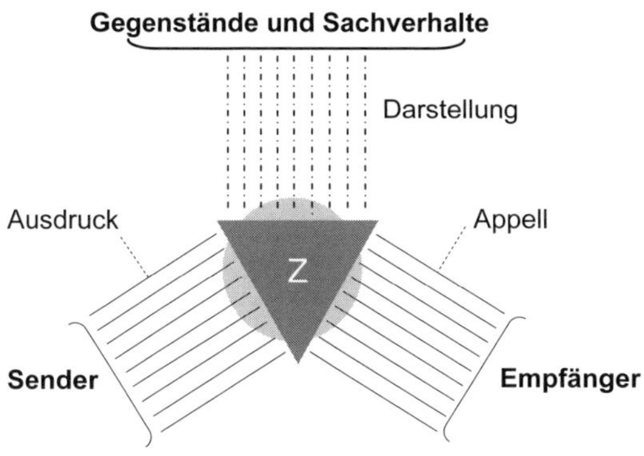

Dieses Modell stellt das Zeichen Z in den Mittelpunkt. Es wird in der Äußerung produziert vom Sprecher (= Sender) und verstanden vom Hörer (= Empfänger). Zugleich werden dreierlei Funktionen unterschieden: Der Sprecher kann etwas zum Ausdruck bringen, zum Beispiel ein Gefühl. Der Sprecher kann an seinen Partner appellieren, zum Beispiel etwas zu tun. Der Sprecher kann über Drittes reden, zum Beispiel über Sachverhalte der Welt.

Die wichtigsten Aspekte der Kommunikation stellt ein frame dar.

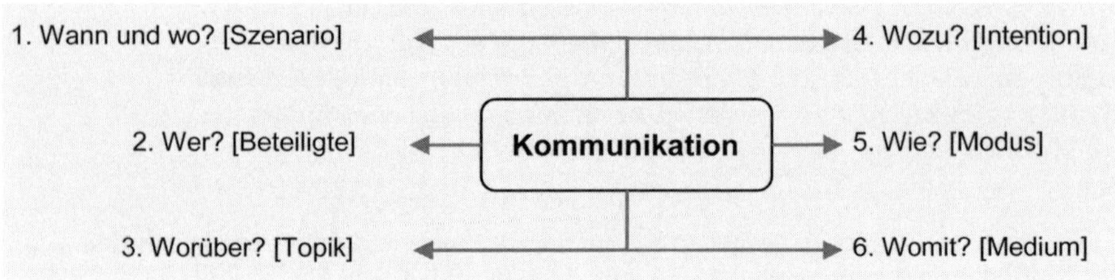

Der Frame bietet die Fragen, die man sich bei der Analyse von Kommunikation wie auch im Verstehen stellen kann.

Wesentlich für das Gelingen von Kommunikation ist, dass der Partner versteht, was ihm gesagt wird, dass er den Sinn des Gesagten erfasst. Wie aber kommt der Sinn zu ihm? Hierfür gibt es eine schlichte Antwort, die im sog. Transportmodell gegeben wird: Der Sinn wird vom Kopf des Sprecher in den des Hörers transportiert.

Transportmodell

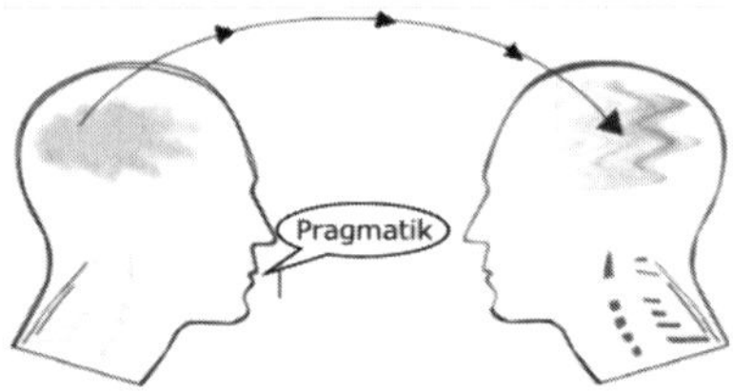

Eine Person A hat die Intention, einer anderen Person B etwas mitzuteilen. Dieses Etwas fasst A in Worte und äußert diese Worte. Die Person B vernimmt die Laute und entnimmt ihren Sinn. Was vorher im Kopf von A nur war (die wolkige Intention), ist danach auch im Kopf von B. Aber vielleicht ist es auch nur die halbe Wolke. Wie wäre denn festzustellen, was im Kopf von A war und was dann im Kopf von B ist?

Das Transportmodell stellt menschliche Kommunikation nicht adäquat dar. Es ist unrealistisch, weil nur Laute oder Schriftzeichen von A zu B gelangen. Der Sinn muss im Kopf von B entstehen.

Satz und Äußerung

Das erklärte Ziel der Pragmatik ist, reale Äußerungen zu untersuchen. Dies spielt an auf eine linguistische Grundunterscheidung des linguistischen Urvaters de Saussure: die Unterscheidung von langue und parole. Die langue ist eine soziale Institution, das gewordene Regelsystem, das den konkreten Sprachgebrauch, die parole, steuert und zugleich von ihm gefüttert wird. Saussure war der Meinung, die Linguistik habe die langue zum Gegenstand, könne die aber nur beschreiben als eine Art Abstraktion aus parole-Belegen, aus denen vielleicht Manches als fehlerhaft ausgefiltert wurde (letztlich vielleicht, weil es sich gegen die reguläre Beschreibung sperrt.)

Diese Grundunterscheidung durchzieht die gesamte Pragmatik. Denn die will ja wohl ausgehend von den realen Äußerungen zu Generalisierungen kommen. Alles andere wäre nach gängigem Verständnis nicht Wissenschaft. Vor allem würde sich jede Untersuchung der parole in den Weiten des kommunikativen Kosmos verlieren. Regelhaftes wäre nicht zu erkennen.

Sinn und Bedeutung

Die in Kommunikation verwendeten Zeichen haben Bedeutung. Die Bedeutung ist ein Potenzial, das dem Hörer gestattet, auf den Sinn des Gesagten zu kommen. Wir müssen nämlich unterscheiden zwischen der Bedeutung, die sozusagen in der Sprache, eben der langue liegt, und dem, was in der konkreten Verwendung, der parole zu verstehen gegeben wird. Durch die gesamte Pragmatik zieht sich darum eine Unterscheidung, die wir beim Handeln eingeführt haben: die konkrete, aktuale Handlung und das Muster, das sie konstituiert. So unterscheiden wir analog:

langue	Satz	Bedeutung
parole	Äußerung	Sinn

Die Äußerung wird auf der Folie des Satzes erkannt, der Sinn wird auf der Basis der Bedeutung erschlossen. Der Pragmatik obliegt es, die Lücke zwischen Bedeutung und Sinn zu schließen.

3.3 Aufbau des Wissens: Gemeinsames Wissen

Wissen und wissen

Kommunikative Handlungen können nur verstanden werden, wenn die Partner das nötige Wissen haben. Wissen ist Voraussetzung jeder Kommunikation. Beim Wissen werden gewöhnlich zwei Ausformungen unterschieden: Das kollektive Wissen und das individuelle Wissen. Wissen ist aber immer das Wissen eines Individuums. Die Rede vom kollektiven Wissen ist nur eine normative Vorstellung, es gebe Wissen, das jeder wissen könnte, vielleicht sogar wissen sollte. Aber: Jeder weiß, was er weiß.

Vorsicht!

Die Verwendung des Verbs *wissen* fordert vom Linguisten eine gewisse Distanz. In ihm ist die Perspektive des Sprechers eingebaut. Wenn ich sage: A weiß X, dann impliziere ich, dass X wahr ist, oder wenigstens, dass ich X glaube. Damit involviere ich mich als Beschreibender, der ja eigentlich Distanz halten sollte. Könnte man dies heilen, indem man sagt: A glaubt X? Auch hier ist gewöhnlich der Sprecher involviert, weil irgendwie signalisiert wird, dass er das nicht glaubt. Besser wäre darum eine Definition wie:

(10) Das Wissen von A besteht aus allen X, von denen A sagen würde: Ich weiß X.

Damit halten wir den Beobachter auf Distanz. Wir sollten im Kopf behalten, dass es in pragmatischen Theorien immer um Glaubwissen dieser Art geht.

Individuelles Wissen ist im Gedächtnis. Klassisch wird Wissen in Kenntnissen gesehen. Neuerdings aber sieht man Wissen auch in den Fähigkeiten, also in dem, was jemand kann. Dies ist weitgehend implizites Wissen, dessen Formulierung großer Anstrengung bedarf, so etwa die Anstrengungen des Linguisten, der pragmatische Fähigkeiten von Sprechern analysieren, formulieren und erklären will.

Wissen im Gedächtnis

Recht oberflächlich ist die Unterscheidung verschiedener Formen des Wissens nach dem Stoff sozusagen: Faktenwissen, Normwissen usw. Eine solche Liste kann man ad libitum fortsetzen. Wichtiger ist die Unterscheidung nach der Art, in der Wissen im Gedächtnis gespeichert wird. Hier ist zu unterscheiden zwischen stehendem Wissen und Laufwissen, die auch gefasst werden mit Langzeitgedächtnis und Kurzzeitgedächtnis. Hinzu kommt noch das Ultrakurzzeitgedächtnis, das etwa für das Satzverstehen entscheidend ist. In ihm müssen wir, bevor wir beim Satzende die volle Satzstruktur erfassen, alles Vorhergehende haben. Das wird dann aber auch sofort gelöscht oder vergessen – Gott sei Dank.

Reziprokes Wissen

Beim kommunikativ relevanten Wissen geht es um reziprokes Wissen. Zur kommunikativen Ausstattung des Menschen gehört, dass er sich in der Kommunikation stets in den Partner versetzt. Er versetzt sich in die Origo des Partners, wenn er sagt: „Geh nach links, nach vorn, nach hinten". Oder: „Ich komme" zu dir. Alle diese Deiktika sind von der Partner-Origo konzipiert. Kinder brauchen im Spracherwerb eine Zeit, bis sie das beherrschen. Desgleichen sprechen wir global und im Detail möglichst die Sprache des Partners.

Für physikalistisch Orientierte wurde diese Fähigkeit jetzt manifestiert in den Spiegelneuronen. Spiegelneuronen feuern, wenn Tiere andere sehen, die bestimmte Tätigkeiten ausüben. Bei Menschen heißt es, dass Tänzer mit ihren Spiegelneuronen die Tänze anderer mitvollziehen – wenigstens feuern ihre Neuronen. Was immer man von der Hirnforschung und ihren Überlegungen halten mag, auf jeden Fall wird hiermit eine entscheidende menschliche Fähigkeit in den Fokus gerückt.

Das reziproke Wissen ist die Basis menschlicher Sozialität und entscheidend für das Funktionieren der Kommunikation. Den Aufbau und die Funktion des gemeinsamen Wissens exemplifizieren wir an der kleinen Geschichte von John und Mary.

Geschichte 1

John und Mary haben ein Verhältnis. Als sie Schluss machen wollen, merkt Mary, dass sie schwanger ist.
John schlägt vor: Wir werden nicht heiraten.

A1: Mary will John nicht heiraten.	B1: John will Mary nicht heiraten.

Alles problemlos? Beide haben die gleichen Ziele, die Interessen kollidieren nicht. Dies ist die naive Betrachtungsweise der sogenannten Fakten. Frage: Hat die Geschichte nicht entscheidende Lücken?

Die Geschichte 1 ist nicht alles. Das reziproke Wissen ist gestuft. Es gibt auf der zweiten Turmstufe Alternativen, die für die Lösung entscheidend werden.

Geschichte 2

John und Mary haben ein Verhältnis. Als sie Schluss machen wollen, merkt Mary, dass sie schwanger ist.
John schlägt vor: Wir werden nicht heiraten.

A2: Mary glaubt, John wolle sie heiraten.

B2: John glaubt, Mary wolle ihn nicht heiraten.

A1: Mary will John nicht heiraten.

B1: John will Mary nicht heiraten.

Johns Vorschlag würde auf der Grundlage eines Missverständnisses akzeptiert. Unterschiedliche Deutungen und damit Missverständnisse können auf verschiedenen Stufen des gemeinsamen Wissen entstehen. Gestufte Annahmen enden nicht immer auf der zweiten Stufe, allerdings gehen wir meistens auch nicht viel höher.

Aktivierung

In der Kommunikation wird nicht ständig alles Wissen der Partner genutzt, sondern gerade so viel wie aktiv ist, was es zum Verstehen eines Aktes braucht. Es geht um aktiviertes Wissen, das just in time und upgedatet bereit steht (priming) oder auch just durch den Akt aktiviert wird. Keine bewusste Handlung, es passiert uns einfach.

Wichtig: Das Wissen Dritter oder sog. objektives Wissen spielt in der Kommunikation keine Rolle. Das Verstehen ist nur so weit möglich, wie das einschlägige reziproke Wissen der Partner reicht.

score board

David Lewis (1991) hat das gemeinsame Wissen verglichen mit der Anzeigetafel oder einer Art Spielprotokoll beim Baseballspiel. Alles, was zur fraglichen Zeit gesagt wird, wird aufgenommen – als gesagt, vielleicht auch als vom Partner geglaubt, je nach Naivitätsgrad. So wird B bei (11) vielleicht glauben, dass A gläubig ist, wenigstens weiß B, dass A das vorausgesetzt hat. Ob es stimmt, ist noch eine andere Frage.

(11) Ich bete täglich zu Gott, dass ich die Prüfung bestehe.

Zur fraglichen Zeit, das klingt recht unbestimmt, und das sollte es auch sein. Wir wissen nicht, wie weit die Kommunikationspartner zurückblicken, das Wissen aktualisieren – und sie wissen es nicht voneinander. Es mögen gar Episoden aus der gemeinsamen Vergangenheit aktualisiert und in die fragliche Zeit gerückt werden. All dies gibt einen ersten Eindruck davon, wie fragil unser Verstehen ist.

3. 4 Gelingen und Missverständnisse

Dass Kommunikation gelingt, ist unsere alltägliche Erfahrung – und dass sie misslingt auch. Misslingen gehört zur Kommunikation und darum haben wir ein ganzes Arsenal von Heilpraktiken entwickelt. Eine erste Praktik ist, dass wir all die Verfahren, die in der Analyse und Darstellung hoch kompliziert sind, oft unbewusst und durch die Evolution natürlich beherrschen. Die Probleme des gemeinsamen Wissens sind einmal dadurch gemildert, dass in der Kommunikation ein sogenannter Common Ground angenommen wird. Jede Äußerung wird in einem historischen Zusammenhang vollzogen. Der Zusammenhang wird sicherlich von beiden Partner unterschiedlich gesehen, ihr Wissen ist in diesem Sinn disparat. Dennoch geht jeder kontrafaktisch davon aus, dass ihnen beiden per default ein Standardwissen gemeinsam ist, dass sie sozusagen in einer gemeinsamen Welt leben – bis zum Beweis des Gegenteils. Das ist die kommunikative Fiktion, die Kommunikation erst ermöglicht. Von diesem Common Ground – und sei er noch so klein – müssen wir ausgehen, wenn wir kommunizieren wollen. Es gibt kein kommunikatives Ground Zero. Kommunikation ist in gewissem Sinn dazu da, den Common Ground zu erweitern, zu koordinieren und anzupassen.

Common Ground

Eine zweite schützende Praktik ist, dass wir die Mehrzahl der Missverständnisse gar nicht bemerken. Das zeigt zugleich, dass viele Darstellungen – und vielleicht auch Pragmatiker – der Kommunikation einen idealen, zu hohen Stellenwert zuschreiben.

Miss-verstehen

Natürlich müssen aus der Annahme eines Common Ground Missverständnisse entstehen. Wenn sie bemerkt werden, kann man ihre Bearbeitung als Weg der Anpassung sehen. Ein Missverständnis sei hier vorgeführt. Es handelt sich um die Aufzeichnung eines Chats zweier Freundinnen. Bemerken Sie, wo das Missverständnis liegt?

```
1  L: oh, ich will multbeerenschnaps
2  A: jaaaaaaa multbeerenschnaps für uns alle
3  L: ich muss jetzt mal schauen, wo´s sowas gibt
4  A: ok
5  L: dann bring ich'n mit, wir trinken die flasche leer
6  A: ja das ist eine gute idee für die ferien
7  L: ja, es muss sein, das einzelgetränk ist schon teuer
8  A: ja, eine flasche wär besser
9  L: ich habe gehört, dass die multbeere eine nordische
      form der brombeere ist - eine nazi-brombeere
10 A: oje, aber vielleicht wurde sie nur missbraucht,
      zur propaganda und kann gar nix dafür
11 L: ja, nein, sie wächst halt in skandinavien
```

Welche Äußerungen sind ambivalent? Wer hat Ihrer Meinung nach etwas missverstanden? Wir glauben L hat etwas missverstanden. Sie selbst redet in 9 spielerisch, aber sie erkennt nicht, dass A das Spiel nur weiterspielt. Eine Typologie der Missverständnisse ginge über die Möglichkeiten dieses Moduls, vielleicht des ganzen Buchs.

3.5 Exempel: Simsen

Poor communication

Verbreitet ist die Idee, Kommunikation müsse möglichst explizit sein, man könne und solle über alles reden. Das reduziere Streit und Konflikt. Aber ist diese Idee ein Wundermittel: Je mehr Kommunikation, umso weniger Missverständnis? Könnte man nicht auch denken, je mehr Kommunikation, desto mehr Missverständnisse? Das Schönste wäre sicher stilles Einverständnis. Je mehr wir wissen, umso weniger müssen wir sagen. Doch je weniger wir sagen, umso mehr muss der Partner wissen.

Wir befassen uns mit einer reduzierten Kommunikationsart. Elektronische Kommunikation hat sich rasant entwickelt, e-Mails und SMS vor allem. Erzwungene Sparsamkeit bestimmt das Simsen. Jede einzelne Botschaft ist begrenzt auf 160 Zeichen. Das muss nicht die gesamte Quantität definieren, man kann ja viele schicken, jetzt automatisch gestückelt. Das Muster für elektronische Botschaften ist sicherlich der Brief, zwar ohne Ort und Datum – man ist ubiquitär, das Datum erzeugt die Maschine –, aber im Grund mit Anrede und Schlussformel, vielleicht auch mit Unterschrift. Für die Simserin stellt sich die Frage: Wie kann ich mich kurz fassen und doch das Entscheidende rüberbringen? Eigentlich ein kommunikatives Grundprinzip; wir verbrauchen Ressourcen nicht unnütz. Was passiert nun, wenn man auf das Allernötigste reduziert? Wenn man die Schlussformel weglässt, könnte der Partner ins Grübeln kommen. Alles, was man erwartet oder was nach Standard zu erwarten ist, könnte man als Unterlassung verstehen, wenn man es nicht bekommt. Also: War der Partner so in Eile? Legt er keinen Wert auf Umgangsformen? Will er nicht höflich, nicht nett zu mir sein? Ist er sauer? Hab ich ihn verletzt? Das kommunikative Risiko nimmt der Schreiber auf sich. Übrigens, nur über Abweichungen von Standards etablieren sich Veränderungen der Erwartungen und Konventionen.

Folgen der Kürze

Um Inhalte soll es hier weniger gehen, deshalb nur so viel: Tendenziell geht es in den SMS unseres Korpus (mediensprache.net) um Verabredungen, Quittieren oder Vermelden kleiner Ereignisse, Ausdruck von Befindlichkeiten. Am laufenden Meter finden wir Gute-Nacht-Wünsche. Außerdem wie beim Handy: Wo bin ich, wo bist du? Die häufigsten Fragen in der ubiquitären Kommunikation. Über weite Strecken ist es phatische Kommunikation, bei der es um sozialen Austausch, um Smalltalk, um den Ausdruck von Gefühlen geht.

Themen in SMS

(1) Hallöchen! Meine Ferien waren voll coolecht schade, dass sie bald wieder zu Ende sind! Sz hdgdl Deine Susi

(2) Ein kleiner süßer Schmusetiger schaut ganz lieb zu Dir herüber. Er gibt heut auf Dich dolle acht und wünscht dir eine gute Nacht!

Da menschelt es ganz arg. Tiefsinn, Kitsch und Reime zur Genüge:

(3) Wenn du in den Himmel schaust und dir dort ein Sternchen klaust dann drück es fest und denk an mich denn dieses Sternchen das bin ich!

Dazu natürlich das Stimmungs- und Deutungsbarometer: ;-), :-), @-). Was man mit 160 Zeichen alles rüberbringen kann!

(4) ich hab die prüfung bestanden!!! wiso 81, integ. 71 und Kernq. 84!!! michi

Der Kode

Aber alles muss kurz gehalten sein, eine Folge der restringierten Kommunikation: Man wählt, erfindet Abkürzungen. Bekanntlich sind aber neu erfundene Abkürzungen heikel. Sie müssen erst expliziert werden, ein Kode, eine Konvention muss entstehen. Eine erste Möglichkeit ist darum, gängige Abkürzungen zu übernehmen. Sie dienen als Präzedenz: mfg = mit freundlichen Grüßen, GUK = Gruß und Kuss, ff = Fortsetzung folgt. Man kann sie spielerisch weiterspinnen: ff = viel vergnügen. In dem Kode, der vereinbart ist oder sich ergibt, etablieren sich weitere Initialabkürzungen, die auch analogisch fortwuchern: hdg = hab dich gern, hdl = hab dich lieb, hdgdl = hab dich ganz doll lieb, hdgdlusnm = hab dich ganz doll lieb und sogar noch mehr. Sie kürzen einfach jedes Wort mit dem Anfangsbuchstaben ab, was nur in restringierter Kommunikation erfolgreich ist, aber früh verbreitet wurde mit den Smileys und jetzt deren Benennungen: LOL = laughing out loud. Noch extremer etwa in: SMS = schreib mir schnell, www = wir werden warten. Das versteht man ohne den Kode nicht. Früh, verbreitet und meist aus dem Amerikanischen übernommen ist das Prinzip, Buchstaben zu wählen, die laut gelesen wie Wörter klingen: 4u = for you, cu = see you, ic = I see. Wenn man das Verfahren kennt, versteht man ohne Weiteres, auch mit dem Initialprinzip gemischt: cul = see you later, 2g4u = to good for you, o4u = only for you, t2u = talk to you.

Typen von Abkürzungen

Schließlich verwendet man noch das Akronymenprinzip, nach dem etwa ein oder zwei Anfangsbuchstaben genommen und zusammengefügt werden, so dass ein sprechbares Wort entsteht, das man sich gut merken kann: bidunowa = bist du noch wach?, wamaduheu? = was machst du heute?, lidumino? = liebst du mich noch?, dubido = du bist doof, lamiinfri = lass mich in Frieden, RUMIAN = Ruf mich an, TABU = Tausend Bussis, vegimini = vergiss mich nicht.

Natürlich gibt es auch schwer entschlüsselbare spontane Kürzungen:

(5) HE NOCHMA; KÖNNTEST DU DEINEN GRILL M ZUR GRILLPARTY BRINGEN? M. HAT GEFRAGT U I HAB GESAGT, D I DICH MAL FRAGE: WIE WAR REF? SITZ GERAD AN AUSARB U DAN UNI

Normal für menschliche Kommunikation ist, dass die vorhandenen Mittel genutzt und für eigene Zwecke ausgebaut werden: hdl, hdal, hdganz, hdgdl, hdgdls, hdgggdl, hdgggggggggggggdl. Und rätselhaft: hdgstidl, hdsmdl, hdssl, hdwdl, hdz?

Die kommunikative Lehre ist: Als Sprecher hat man nur Erfolg, wenn man die Sprache des Partners spricht, auf Präzedenz baut und Innovationen so dosiert, dass der Partner sie mit seinem Wissen verstehen kann. Dazu gehören Kontext, Konventionen und Analogie.

3.6 Fazit

Kommunizieren ist sprachliches Handeln zwischen mindestens zwei Partnern. In der Kommunikation werden sprachliche Zeichen verwendet, die eine gewordene Bedeutung haben, deren Sinn aber erst in der konkreten Verwendung entsteht. Die Partner rekurrieren dabei auf ihr gemeinsames Wissen und auf einen Common Ground. Die Aufgabe der Pragmatik kann man darin sehen, den Weg von der Bedeutung zum Sinn aufzuzeigen, so weit er generalisierbar ist.

3.7 Aufgaben und Vertiefung

Aufgaben

1. Entwickeln Sie eine Zerlegung für:
eine Frage beantworten, indem ...

2. Erklären Sie einer Kommilitonin in wenigen kurzen Sätzen den Witz des Mottos: Ein Lügner glaubt keinem.

3. Die kommunikative Welt ist voll von Äußerungen, die man nur versteht, wenn man das nötige Wissen hat. Wie sind die folgenden Äußerungen zu verstehen?

- Was ist jeweils gemeint?
- Welches Wissen braucht man?
- Was könnte ein Marsianer denken?

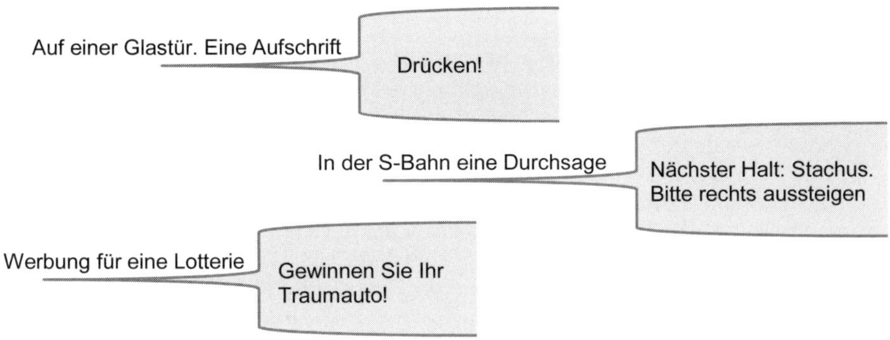

4. Was muss man wissen, um die folgenden Wortbildungen zu verstehen? Legen Sie ein Schema an.

Wir **wursten** jede Woche.
Kannst du Karpfen **schuppen**?
Unser Bad ist neu zu **kacheln**.
Katzentisch, Kopfmensch, farbig, Käsemesser, Stahlmesser, Wärmemesser, Elektromesser

Vertiefung

Vertiefung auf hohem Niveau Levinson 2000, chapter 1. Keller 1995.

4 Was in Äußerungen steckt

4.0 WarmUp und Lernziele

WarmUp

Was jemand mit einer Äußerung gesagt hat, ist ein Thema und ein Problem in allen möglichen Lebensbereichen. In aller juristischen Schärfe stellt sich die Frage in sog. Verbaldelikten. Ein Kreis politisch engagierter Offiziere veröffentlichte vor Jahren diesen Text.

Arbeitskreis
ds DARMSTÄDTER SIGNAL

Wir Soldaten des Arbeitskreises Darmstädter Signal begrüßen das sogenannte "Soldatenurteil" der 29. Großen Strafkammer des Landgerichts Frankfurt vom 20. 10. 1989.

Zum einen ist der Kampf der Meinungen das Lebenselement unserer Gesellschaft, zum anderen halten wir die Aussage "alle Soldaten sind potentielle Mörder" inhaltlich für richtig.
Gerade die immer noch gültige Strategie der Atomaren Abschreckung bringt uns in Gewissensnot, weil sie bei ihrem Versagen zum massenhaften unterschiedslosen Töten zwingt.

Ziele

In diesem Modul geht es um die Frage, was in einer Äußerung drinsteckt – umgangssprachlich gesprochen. Es geht darum, was wir schließen können, wenn jemand etwas Bestimmtes äußert. Und vor allem, was uns hierzu berechtigt.
Die Basis für unseren Schluss kann unterschiedlich sein:

- Unser Schluss kann beruhen auf Implikation wie in (1).
- Unser Schluss kann beruhen auf Präsupposition wie in (2).
- Unser Schluss kann beruhen auf einer Implikatur wie in (3).

(1) Die Offiziere haben einen Text veröffentlicht.
> Die Offiziere haben etwas veröffentlicht.

(2) Der Offizier hat die Dienstpflicht verletzt.
> Es gibt eine Dienstpflicht.

(3) Zwei Offiziere wurden belangt.
> Nicht mehr als zwei Offiziere wurden belangt.

4.1 Implikation

Implikationen sind prinzipiell Angelegenheit der Logik. Allerdings gibt es in der Logik verschiedene konkurrierende Relationen zwischen Propositionen. Hier geht es um das, was in der Logik entailment heißt und was einen notwendigen und ausnahmslosen Schluss lizenziert, rein auf der Grundlage der Bedeutung eines Satzes.

Wenn gilt: X impliziert Y, so kann von X auf Y geschlossen oder inferiert werden. So implizieren (4) und auch (5) aufgrund ihrer Bedeutung den Satz (6): Inferenzen

(4) A ist ein Soldat.
(5) A ist ein Mörder.
(6) A ist ein Mensch.

In Linguistik und Texttheorie wurde eine Methode entwickelt, aus komplexen Sätzen die darin enthaltenen Propositionen, im Prinzip Einzelaussagen herauszuholen. Die propositionale Feinstruktur eines Satzes oder einer Äußerung sollte im Grunde semantisch analysiert werden. Sie wird aber auch von Pragmatikern reklamiert. Mentales Geflecht?

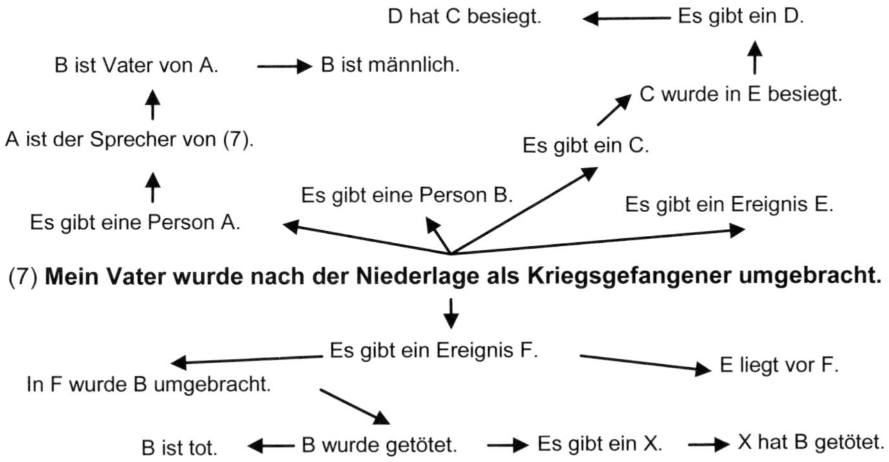

Dies ist ein propositionales Geflecht auf der obersten Ebene. Manche haben es als mentale Struktur gedeutet. Alle Propositionen könnten weiter aufgedröselt werden. Damit bekommen wir einen Eindruck, was in einem geäußerten Satz alles drinstecken könnte. Es geht hier um Implikationen und Präsuppositionen.

Vielfältigkeit des Gebrauchs und Vagheit der Bedeutung lassen nicht immer zu, die Implikationen eines Satzes exakt zu bestimmen. Darum versehen wir in der folgenden Darstellung für (8) ein Implikat mit Fragezeichen. Außerdem können auch weitere Implikate nur für ausgesuchte Verwendungen gelten.

(8) X ist ein Mörder.
⇒ X ist ein Mensch. Implikate
⇒ ? X ist männlich.
⇒ X hat einen oder mehrere Menschen getötet.
⇒ X hat dabei Gewalt angewendet.
⇒ X hat dabei mit Absicht gehandelt.
⇒ X stand nicht unter Zwang.

4.2 Präsupposition

In dem propositionalen Geflecht (7) stecken nicht nur Implikate, sondern insbesondere Aussagen, die in Analysen als Präsuppositionen identifiziert werden. Der folgende Satz vermehrt die Präsuppositionen von (7):

(9) Es ist furchtbar, dass mein Vater noch nach der Niederlage als Kriegsgefangener umgebracht wurde.

Kriterien

Präsuppositionen wurden in der Logik und sprachanalytischen Philosophie entdeckt. In der Logik sollte eine wohlgeformte Aussage entweder wahr oder falsch sein. In Sätzen wie (10) und (11) gab es allerdings ein Problem. Es wurde von Gottlob Frege mit (10) aufgeworfen und von Bertrand Russell fortgesetzt mit (11):

(10) Kepler starb im Elend.

(11) Der gegenwärtige König von Frankreich ist kahl.

Was, wenn es – wie jetzt – keinen König von Frankreich gibt? Russell hatte angenommen, dann sei die Äußerung von (11) einfach falsch. Das schien unbefriedigend. Eine Lösung brachte eine Analyse von Peter F. Strawson. Er zeigte, dass sowohl (11) wie auch (12) einen Satz wie (13) voraussetzen:

(12) Der gegenwärtige König von Frankreich ist nicht kahl.

(13) Es gibt gegenwärtig einen König von Frankreich.

Weder (11) noch (12) implizieren aber (13). Beide präsupponieren diesen Satz: Wenn (13) falsch ist, machen weder die Äußerung von (11) noch die von (12) recht Sinn, ihre Wahrheit oder Falschheit kann nicht beurteilt werden. Sie setzen die Wahrheit von (13) voraus. Derlei Präsuppositionen spielen in diversen Konstruktionen eine Rolle.

trigger

Einige Konstruktionen mit bestimmten, Präsuppositionen auslösenden Lexemen – sog. triggern – sind hier vorgeführt.

Definite Nominalphrasen wie *der Offizier* bilden einen ersten Bereich. Generell gilt: Verwendungen von *der* X_{NP} präsupponieren: Es gibt X.

Hat der Soldat die Dienstpflicht verletzt?	⊢ Es gibt die Dienstpflicht.
Hat der Soldat die Dienstpflicht nicht verletzt?	⊢ Es gibt die Dienstpflicht.
Meier hat die Erklärung unterzeichnet.	⊢ Es gibt (eine/ einen) Meier.
Meier hat die Erklärung nicht unterzeichnet.	⊢ Es gibt (eine/ einen) Meier.

Faktive Verben wie *erkennen*, *bedauern* präsupponieren den eingebetteten dass-Satz:

Wir bedauern, dass sie belangt werden.	⊢ Sie werden belangt.
Wir bedauern nicht, dass sie belangt werden.	⊢ Sie werden belangt.
Ich wusste, dass es gewagt war.	⊢ Es war gewagt.
Ich wusste nicht, dass es gewagt war.	⊢ Es war gewagt.

Welche-Fragen	
Welche Dienstpflicht hat er verletzt?	⊢ Es gibt eine Dienstpflicht.
Welche Dienstpflicht hat er nicht verletzt?	⊢ Es gibt eine Dienstpflicht.
Kontrafaktische Konditionale	
Wärst du dabei gewesen, wär es ok.	⊢ Du warst nicht dabei.
Wärst du dabei gewesen, wär es nicht ok.	⊢ Du warst nicht dabei.
Verbselektion	
Er hat sie alle entwürdigt.	⊢ Sie sind Menschen.
Er hat sie alle nicht entwürdigt.	⊢ Sie sind Menschen.
Kontrastbetonung	
Sie hat ihn angezeigt.	⊢ Jemand hat ihn angezeigt.
Sie hat ihn nicht angezeigt.	⊢ Jemand hat ihn angezeigt.

Oft sind die Präsuppositionen schwer ans Licht zu bringen. Der Nachweis führt zu komplizierten Argumentationen. Zusätzlich zur zentralen wahr-falsch-Probe hat Levinson (1994, 183) einen Set von Testsätzen entwickelt. Darin etwa:

Präs_Test

(14) Entscheidungsfrage: Starb Kepler im Elend?
(15) Adverbialer Zusatz: Vielleicht starb Kepler im Elend.

Diese Formulierungen sollten jeweils (10) präsupponieren. Im Grunde definiert Levinson damit operational eine bestimmte Auffassung, die – wie normal in der Wissenschaft – nicht alle teilen. Die Anwendung des Testsets induziert auf jeden Fall weitere komplexe Analysen. Für die kommunikative Betrachtungsweise wird die Basis der Präsupposition nun nicht mehr nach wahr oder falsch bewertet, sondern danach, ob der Satz sinnvoll geäußert werden kann. Eine Präsupposition wird damit Voraussetzung für die sinnvolle Äußerung. Sie soll aber eine Eigenschaft des geäußerten Satzes bleiben.

Präs als Voraussetzungen

(16) Die gültige Nato-Strategie verpflichtet uns.
Es gibt einen Sprecher A.
A ist einer Gruppe G zugehörig.
Es gibt eine Strategie.
Die Nato hat diese Strategie akzeptiert/ angenommen.
Die Strategie ist gültig.
Die Strategie verpflichtet G zu irgend etwas.

Eine konservative Beschränkung auf die wahr-falsch-Probe hinterlässt das sog. Projektionsproblem. Dabei geht es um die Frage, ob in unterschiedlichem näheren Kontext, ob in bestimmten syntaktischen Konstruktionen die Präsuppositionen eines Satzes erhalten bleiben, überleben oder nicht. Auch diese Erkenntnis geht zurück auf Frege. Wir zeigen es am Beispiel von (10a):

Projektion

(17) Jemand sagt, dass Kepler im Elend gestorben ist.
(18) Alle glauben, dass Kepler im Elend gestorben ist.

In solchen indirekten oder obliquen Kontexten überleben manche Präsuppositionen nicht. Wo überleben sie, wo nicht? Matrixverben wie *sagen* oder *erwähnen* blockieren Präsuppositionen, dagegen lässt ein Matrixverb wie *wissen*, die Präsupposition des Ergänzungssatzes durch, weshalb ein Satz wie *ich weiß nicht, dass das stimmt* paradox erschiene und auch nur in besonderer Verwendung so formuliert würde.

Strittig

Oft scheint schwer zu entscheiden, ob eine Präsupposition oder eine Implikation anzusetzen ist. Wir sehen das am Beispiel *wieder*. Mit diesem Adverb wird irgendwie eine Wiederholung ausgedrückt.

(19) Jetzt motzt er wieder. ⊢ Er hat gemotzt.

Schwierigkeiten kann es schon mit der Negation geben. Wir brauchen die Totalnegation zur Feststellung des präsuppositionalen Charakters. Wie würde sie lauten, (20) oder (21)?

(20) Jetzt motzt er nicht wieder.

(21) Jetzt motzt er wieder nicht.

Nur mit (20) kommen wir zur Präsupposition. Eine wichtige Rolle spielt bei *wieder* die Kontrastbetonung, die einen Fokus setzt. In (22) könnte man annehmen, der Ratespaß habe schon einmal begonnen. In (23) ist das sicherlich nicht präsupponiert.

(22) Der Ratespaß hat **wieder** begonnen.

(23) Der Ratespaß hat aufgehört und wieder **begonnen**.

Je nach Hauptverb des Satzes ist weniger präsupponiert:

(24) Manchmal kommen sie wieder. ⊢ Sie waren da.

(25) Die Lage normalisiert sich wieder. ⊢ Die Lage war normal.

4.3 Implikatur

Die Einführung von Implikaturen beruht auf der Idee, dass in einer Äußerung mehr zu verstehen gegeben werde, als gesagt wurde. Sie wurde von Grice ausgearbeitet (Grice 1967) und Basis der Pragmatik. Demnach gehören Implikaturen nicht zur Bedeutung des geäußerten Satzes, sind weder Implikationen noch Präsuppositionen. Vielmehr

Auslöser

werden sie vom Hörer erschlossen auf der Basis von Annahmen über das Ziel der Kommunikation. Die Grundannahme für Implikaturen ist: Mein Partner redet sinnvoll. Implikaturen sind damit Hauptspielfelder der Pragmatik. Eine übliche Implikatur von (26) ist: Es war nicht sein Haus, eine von (27) hingegen: Es war sein Bein.

(26) Er ging in ein Haus.

(27) Im Krieg verlor er ein Bein.

(28) Morgen werde ich Sie nicht umbringen.

Wenn Sie bei einer älteren Dame klingeln und (28) zu ihr sagen, so wird sie das wohl nicht als trivial verstehen, sondern es als Bedrohung auffassen. Wenn etwas Triviales gesagt wird, wird der Hörer es als sinnvoll deuten und sich einen Reim darauf machen. Und der Sprecher wird das unterstellen.

Ähnlich im Text des Darmstädter Signals. Wenn ich zu Ihnen sage: Sie sind ein potentieller Mörder, dann heißt das in etwa: Es ist möglich, dass Sie ein Mörder werden. Ein potentieller Mörder ist jemand, der zum Mörder werden könnte. Das trifft in gewissem Sinn für uns alle zu, wäre sozusagen eher trivial. Triviales wird aber normalerweise nicht gesagt. Wenn es gesagt wird, ist ein besonderer Sinn damit verbunden. Darum wird in dem Flugblatt auch deutlich gemacht, wodurch alle Soldaten zu Mördern werden könnten. Eine hochrelevante Einschränkung, die das Gericht ignoriert, ebenso wie die Trivialität der Aussage.

Trivial?

Offen trivial sind Tautologien wie (29) und (30):

Schein-tautologie

(29) Geschäft ist Geschäft.
(30) Kinder sind Kinder.

Den Beteiligten ist klar, dass die Tautologie nichtssagend ist. Aber sie wird kommunikativ detrivialisiert. Immerhin hat der Hörer in der Form „X ist X" oder „Xe sind Xe" eben die Lexeme, von denen er prototypisch weiterschließen kann: Wie sind denn Xe? Kinder – verspielt, unvorsichtig usw. Diese Formen entsprechen eher einem konventionellen Muster, von dem im Einzelfall weiter geschlossen werden muss. Das Implikatierte kann zwar nicht im Wortlaut herausgeholt werden, bleibt eher unbestimmt, ist aber kommunikativ hinreichend. Solche Tautologien gewinnen ihren Sinn durch ihre syntaktische Form, die Lexemfüllung und den Kontext. Betrachten wir die Kurzdialoge:

Kontextuelle hints

(31) Volker bastelt jedes Wochenende an seinem Oldtimer. – Männer sind Männer. (≈ alle gleich, verspielte Technikfreaks)
(32) Volker kommt alle paar Monate mit einer anderen daher. – Männer sind Männer. (≈ alle gleich, flatterhaft und hinter Frauen her)
(33) Elke hat jetzt einen viel Älteren geheiratet. – Mann ist Mann. (≈ egal, welcher X, Hauptsache X)

Solche Formen werden in stereotypisierender Rede gebraucht. Grob kann man sie als Hinweis verstehen, dass die Wörter oder Ausdrücke im vollen Wortsinn verwendet seien. Etwa: *um drei ist um drei.* Der weitere Weg zur Deutung läuft über stereotype Bedeutungszüge der Lexeme oder Ausdrücke.

Den Tautologien verwandt sind Paradoxe, also Äußerungen, die vordergründig widersprüchlich sind:

(34) Volker hilft auch im Haushalt. – Mann ist nicht Mann.

Generelles Schlussmuster für diese Fälle: Nicht alle gleich. Auch hier wird mit Stereotypen gearbeitet. Anders liegen Paradoxe wie (35):

(35) Diese Handlung war gut und schlecht.

Auch das wird man nicht als paradox nehmen. Wir fragen uns eher: Wie kann etwas beides zugleich sein? Und da ist es naheliegend und eigentlich schon etabliert, dass man die Handlung unter verschiedenen Aspekten gewertet sehen will.

Die Implikatur unterscheidet sich von der Implikation. Beispielsweise impliziert (36) den Satz (37) logisch:

(36) Alle Offiziere haben unterschrieben.

(37) Einige Offiziere haben unterschrieben.

Regelmäßig implikatiert man aber mit der Äußerung von (37) so etwas wie (38):

(38) Nicht alle Offiziere haben unterschrieben.

Skalen

Auf einer gedachten Quantorenskala wird der Sprecher den stärksten, den am weitesten rechts wählen. Davon gehen beide Partner aus:

kein – wenige – einige/ manche – alle

Also: Alle rechts schließen *kein* aus, logisch und kommunikativ. Bei *einige* kann man aber logisch nicht weiter nach rechts schließen, wenngleich wir das kommunikativ tun. Kürzlich kam die Meldung aus Thailand:

(39) Ein General wurde in den Kopf geschossen.

Wir erkennen die Implikatur:

(40) Er ist nicht erschossen worden, also nicht tot.

Erschießen ist auf der Skala weiter rechts angeordnet als *schießen*. Wir schließen die stärkere Version aus, weil wir davon ausgehen, der Sprecher wähle die stärkste Version (Levinson 2000, 79-108).

Üblich und angezeigt ist die folgende technische Redeweise: Eine Implikatur ist das, was eine Äußerung oder ein Sprecher mit seiner Äußerung implikatiert. Die Implikatur basiert auf dem jeweiligen Zustand des gemeinsamen Wissens der Partner. Der Hörer erschließt die Implikatur über das gemeinsame Wissen und den darin aufgehobenen Kontext. Das erforderliche gemeinsame Wissen kann auch als Common Ground, als allgemein verbreitet angesehen werden.

Konnektoren

Implikaturen können wir in weiteren Bereichen identifizieren, so bei der Herstellung von Kohärenz über implikatierte Konnektoren. Nach dem häufig angewendeten ikonischen Prinzip wird angenommen, dass die Reihenfolge der Äußerung der Ereignisfolge entspricht.

(41) Ich gehe ins Bett und putze die Zähne.

Das werden wir für etwas ungewöhnlich halten. Will der Sprecher die Implikatur vermeiden, wird er etwas anders formulieren.

(42) Ich gehe ins Bett und putze vorher die Zähne.

Mit blanken Koordinationen kann man auch andere Konnektoren implikatieren. Im folgenden Beispiel wird oft ein Kausalverhältnis (*deshalb*) implikatiert, im nächsten ein konzessives (*trotzdem*).

(43) Ich hab Durst. Ich trinke ein Bier.

(44) Ich hab Durst. Ich trinke kein Bier.

Weitere Beispiele, die schon auf spezifischerem gemeinsamen Wissen basieren, sind erkannte Übertreibungen und Understatements.

(45) Die Suppe schmeckt nicht schlecht.

Sophistiziert ist der Psycho-Topos „Scheiße in Geschenkpapier":

(46) **Heute** sehen Sie aber schick aus!

Müssen wir das erklären?

4.4 Anpassung

Score board

Kommunikation ist ein dynamischer Prozess, der in Echtzeit verläuft. Das gemeinsame Wissen ist stets up to date, es läuft als ständiges Notizenband im Hintergrund. Äußerungen werden an das gemeinsame Wissen angepasst und das gemeinsame Wissen an die Äußerungen.

Die Abgrenzung zwischen Implikation, Präsupposition und Implikatur ist kompliziert. Was kann man woraus inferieren? Wieso und wie sicher? Die Grundidee ist, dass Sätze präsupponieren und implizieren, Sprecher aber in der Verwendung implikatieren, eben aus dem Gesagten und auf Basis bestimmter Grundannahmen. Aber natürlich tun die Sprecher mit dem Äußern eines Satzes auch etwas in Bezug auf seine Implikationen und Präsuppositionen.

Methodische Schwächen

Die komplexe Diskussion war geprägt durch die Suche nach generellen Regeln und eine konstruierende Vorgehensweise mit übersichtlichen Beispielen und Kniffelfällen, basiert auf der Sprachkompetenz der Pragmatiker und auf dem, was ihnen einfällt. Empirie auf der Basis von Daten ist kreativer, weil sie neue Einsichten schaffen kann. Ein Problem bei derartigen Erörterungen war die oft kontextlose (eigentlich unpragmatische) Betrachtungsweise wie auch die zeitlose, sozusagen logische. Aber schon kleine kontextuelle Veränderungen wirken sich auf Präsuppositionen aus. So ist *ich wusste nicht, dass das stimmt* ganz ok, im Gegensatz zu *ich weiß nicht, dass das stimmt*.

Die Idee, der Sinn von Äußerungen würde im Kontext angepasst, stellt die Kommunikation auf den Kopf. Nur der Analysierende geht so vor. Die Beteiligten haben immer einen Kontext. Die kommunikative Betrachtungsweise bringt den Zeitaspekt und den jeweiligen Zustand des gemeinsamen Wissens ins Spiel. Einerseits ist ja alles relevante Vorhergehende im gemeinsamen Wissen, andererseits manifestiert alles, was folgt, das Verständnis und die Deutung der Teilnehmer. Aus der Fortsetzung, den Reaktionen, vielleicht auch möglichen erschließt sich uns das Gemeinte und Verstandene. Nach dem Vorangehenden entscheidet sich, wie ein Satz verwendet ist. Dabei wird es wichtig, ob Äußerungen vom selben Sprecher sind oder eher dialogisch und ob die Äußerungen ein und desselben Sprechers in einem Zug gemacht sind oder nacheinander, so dass er seine Meinung geändert haben könnte. In realer Kommunikation können wir unter vielem anderen:

Nachbesserung?

- einschränken,
- korrigieren,
- nachbessern,
- umdeuten.

Einschränkungen sind kommunikativ üblich, sowohl in Bezug auf Implikationen wie Implikaturen, sogar in Bezug auf Präsuppositionen. *Alle* wird fast in keinem Kontext verstanden als *alle auf der Welt*. Im Gebrauch ist immer implikatiert: Alle, die in Frage kommen. Dennoch wird man manchmal explizit einschränken.

(47) Alle Offiziere haben unterschrieben, zumindest die ich kenne.

(48) Alle Offiziere haben unterschrieben, zumindest die des Darmstädter Signals.

Wichtig bei *alle X* scheint die Unterscheidung zwischen dem Gesagten und dem Implizierten. Die disziplinarische Maßnahme gegen unseren Offizier war juristisch nur zu begründen, wenn es bei der Äußerung um Soldaten der Bundeswehr ging. Hier taucht ein pragmatisch interessantes Problem auf: Was unterscheidet das Gesagte vom Implizierten? Gibt es einen direkten Weg von *alle Soldaten* zu *Soldaten der Bundeswehr*? Zu allen Soldaten gehören natürlich die Soldaten der Bundeswehr, die Soldaten der Nato, die weiblichen Soldaten, die dunkelhaarigen Soldaten usw. Wer *alle Soldaten* sagt, spricht also implizit auch von diesen Soldaten. Er spricht aber nicht von der Untergruppe der Soldaten der Bundeswehr, von der Untergruppe der Soldaten der Nato usw. Es ist nicht zulässig, von der im Nomen bezeichneten Gruppe oder Gesamtheit runterzubuchstabieren auf die einzelnen Untergruppen. Das würde zu absurden Konsequenzen führen wie etwa, der Offizier habe behauptet, alle weiblichen Soldaten seien potentielle Mörder. Das Implizierte ist gerade nicht gesagt; manchmal ist es dem Sprecher gar nicht bekannt (so dass er es logisch gar nicht gesagt haben kann). Darum ist das Runterbuchstabieren von „alle X" auf jede mögliche Untermenge von X logisch nicht zulässig. Und eine globale Kennzeichnung kann bestenfalls zur Beleidigung der abgegrenzten Gesamtheit taugen.

Vererbung?

Einschränken

Einschränkungen können auch Implikationen eines Sprachgebrauchs betreffen:

(49) Alle Soldaten sind Mörder, ich meine nicht im juristischen Sinn.

Vielleicht auch bei einer Präsupposition:

(50) Der König von Frankreich ist nicht kahl. Es gibt gar keinen König von Frankreich.

Man könnte es als Hinweis verstehen, dass man eben so nichts Vernünftiges behaupten kann. Negierte Sätze dieser Art sind als Zurückweisung der Redeweise zu verstehen: So etwas kann man nicht sagen, weil ...

Im engeren wie im weiteren Kontext kann eine Präsupposition sich verflüchtigen. Die Präsupposition von (2) taucht in (51) mit effiziertem Objekt nicht auf:

(51) Die Dienstvorschrift wird erst formuliert.

Sei zum Beispiel geklärt, dass die disziplinarische Verfolgung der Offiziere eingestellt wurde, dann führt (52) die Präsupposition, dass die Offiziere verfolgt werden, nicht mehr mit:

(52) Wir bedauern nicht, dass die Offiziere verfolgt werden.

Allerdings bleibt immer die Frage, ob wir dann nicht eine andere Formulierung vorziehen würden, etwa (53):

(53) Wir brauchen nicht (mehr) zu bedauern, dass die Offiziere verfolgt werden.

Präsuppositionen haften Sätzen oder Lexemen nicht ein für alle mal an. Präsuppositionen sind bezogen:

- auf einen bestimmten Kontext (auch innerhalb des Satzes),
- auf eine Menge von Geglaubtem im gemeinsamen Wissen.

Negation

Sie setzen aber immer etwas als wahr voraus. Eine besondere Schwierigkeit bilden die negierten Sätze, die man zur Ermittlung der Präsupposition braucht. Man darf sie nicht kontextlos sehen, muss berücksichtigen, dass ein negierter Satz im Grunde nur verwendet wird, wenn der entsprechende nicht negierte sozusagen in der Luft liegt, oft sogar geäußert wurde. Negierte Sätze werden zum Bestreiten verwendet, sind reaktiv.

In realer Kommunikation werden Präsuppositionen auch anders thematisiert und verhandelt.

(54) Pass auf, da vorn kommt ein Radfahrer.
Ich seh nichts.
Der hat kein Licht an.
Ok, seh ihn. Danke.

Vagheit und Anpassung

Implikaturen sind weich und vage. Sie ruhen auf dem Common Ground und dem jeweiligen Zustand des gemeinsamen Wissen. Wenn ich in einer Traumerzählung etwas zu (17) Analoges äußere, so muss durchaus nicht implikatiert sein, es handle sich nicht um mein Haus. Die Erzählung kann ohne Weiteres so weitergehen:

(55) Ich ging in ein Haus. Später wurde mit klar, dass es mein eigenes Haus war.

Gute Beispiele für die Anpassung des gemeinsamen Wissens finden wir im innovativen Sprachgebrauch. Das Verb *einschreiben* hat eine mehr oder weniger etablierte Bedeutung. Hierzu gehört die in (56) gewiss nicht:

(56) Hast du einen eingeschriebenen Kuli?

Nun aber hier:

(57) Du weißt Autos gehören richtig eingefahren, damit sie lange halten und spritzig sind. Hättest du einen eingeschriebenen Kuli für mich?

Es ist klar: Der Vordersatz liefert dem Hörer das Muster, die Präzedenz dafür, den zweiten Satz analog zu deuten. Das Vorbild ist im gemeinsamen Wissen und kann als Implikatur verwendet werden.

Eine Implikatur muss nicht an eine bestimmte Ausdrucksweise gebunden sein. Bei der Ironie zum Beispiel: Wenn sie ausgelöst wird, weiß man erst mal nur, dass etwas nicht vordergründig ernst gemeint ist. Hier wird die Vagheit noch einigermaßen aufgelöst, da man im ironischen Verständnis mal davon ausgeht, es sei das Gegenteil gemeint. Bei der Metapher hingegen bleibt alles offen. Man weiß erst mal nur, dass es so nicht gemeint ist. Implikaturen sind im Prinzip vage. Sie werden nur deutlich oder deutlicher unter Einbeziehung des gemeinsamen Wissens.

4.5 Exempel: Präsuppositionsspiele

Schon die Alten

Die griechischen Sophisten des Altertums sind schon drauf gekommen, wie man mit Präsuppositionen spielen kann. Ein berühmter Sophismus war gebunden an die ja-nein-Frage:

(1) Hast du deine Hörner abgelegt?

Wer brav antwortet, hat in jedem Fall zugegeben, dass er vom Betrug seiner Frau weiß, oder aber er hat es auf diese Weise erfahren. Alexinus von Elis aus der Schule des Eubulides soll den Kollegen Menedemus gefragt haben:

(2) Hast du endlich aufgehört, deine Frau zu schlagen?

Es gelang ihm wohl nicht, den Kollegen zu einer ja-nein-Antwort zu bewegen. So lange wir antworten können, haben wir gute Chancen, Präsuppositionen zurückzuweisen. Anders aber in unserer medialen Welt, die weitestgehend unsere reale Welt bestimmt. Das Meiste, was Sie zu wissen glauben, haben Sie von irgendwoher erfahren. Sicheres Wissen glauben Sie in Büchern und in Medien zu ergattern. Darüber bauen Sie Ihre Welt – vom Hörensagen. Wir meinen nicht Sie persönlich, sondern uns alle.

Eine gängige Art der Betrachtung ist, dass uns Präsuppositionen untergejubelt werden und dass wir sie schlucken. Das gilt vor allem und bekanntermaßen für Existenzpräsuppositionen. Ein Aspekt dabei ist, dass Dinge und Sachverhalte, von denen die Rede ist, existieren.

In (3) wird präsupponiert, dass es Milosevic gab, woran wir wenig Anlass zu zweifeln haben, wenngleich wir nie Gelegenheit hatten, seine Identität festzustellen.

(3) Sie arbeiten beim Geheimdienst, dessen Drahtzieher noch aus den Zeiten des Despoten Slobodan Milosevic stammen [...] (Spiegel Online 18. 11. 2009)

Realität?

Im gleichen Atemzug erfahren wir über eine Präsupposition, dass M. ein Despot war. Hier allerdings existieren mehr als fünfzig Titulierungen in der Presse, darunter so unterschiedliche wie *Bundespräsident, Faschist, Massenmörder, Mörder, Oberbefehlshaber, Parteichef, Präsident, Regierungschef, Säuberer, Schlächter, Serbe, Staatsoberhaupt, Staatsterrorist*. Ob sie zutreffen? Wir akzeptieren, schlucken sie. Das wäre in diesem Fall vielleicht nicht so gravierend, weil eher unstrittig, wenngleich natürlich jeweils etwas anderes gesagt ist. Personen werden so stilisiert, ihre mediale Identität geschaffen. Im folgenden Beispiel wird Schröder – allerdings gehedgt – als Cheflobbyist eingeführt. Schlucken wir das auch?

(4) „Das ist unmoralisch und wäre in den USA illegal", sagt Moncrief ungehalten über Schröder, der heute als Aufsichtsratchef der Ostsee-Pipeline so etwas wie der Cheflobbyist der russischen Energiewirtschaft ist. (Spiegel 3. 7. 2006)

Wie steht es nun mit der Bezeichnung eines Ereignisses? Wir sind uns wohl einig, dass es eine Finanzkrise gibt. Aber ist die Deskription, die Charakterisierung korrekt? Könnte man auch von einer Bankenkrise sprechen? Und was wäre da anders?

(5) Dort werden die Nachrichten zur Finanzkrise fast täglich hysterischer. (Spiegel 21. 7. 2008)

Wesentliche brisanter ist das Folgende:

(6) Das Argument, dass die Bundeswehr wegen des Holocaust vorbelastet sei, „können wir schlecht gegen Israels ausdrücklichen Wunsch nach deutschen Truppen wenden." (Spiegel 14. 8. 2006)

Realität schaffen

Hier ist erst einmal strittig, ob es den Holocaust überhaupt gab. Dieser Fraktion werden wir uns nicht anschließen. Dann aber: Die Identifikation geschieht mit einem Eigennamen. Der enthält keine Deskription, zeigt aber die Singularität. Mit *Genozid* wäre mehr gesagt, die Einzigartigkeit hingegen wäre nicht gegeben. Israelis sprechen von Shoa. Das wäre für uns auch eher ein Eigenname. Welche Alternative ist angemessen? Was stellt die Geschichte korrekt dar?

Anders liegt die Sache im folgenden Beispiel. Erst einmal haben wir auch hier eine Existenzpräsupposition: Es gab einen Vorwurf. Wird er getilgt im wenn-Satz? Außerdem muss es jemand geben, der den Vorwurf gemacht hat oder gemacht haben könnte. Wer? Müsste der Journalist das nicht sagen? Oder ist es eine Erfindung?

(7) Wenn Bundesgesundheitsministerin Ulla Schmidt, 58, den Vorwurf entkräften will, sie habe in den vergangenen Jahren allenfalls bescheidene politische Erfolge erzielt, kommt sie gern auf [...] (Spiegel 17. 3. 2008, 31)

Unter-gejubelt?

Eine ähnlich unbelegte Präsupposition finden wir bei reaktiven Sprechaktverben, die eine Äußerung als Reaktion darstellen:

(8) Die Lufthansa ringt zudem mit nationalen Besonderheiten: „Wir brauchen ein simples Verfahren, das jeder versteht", beharrt Bärwalde. (Spiegel 10. 3. 2008, 144)

Nehmen wir das einfach so hin? Oder wüssten wir gern, wer vorher was gesagt hat? Es müsste ja wohl einen Einwand gegeben haben.

Kann man übrigens einfach so beteuern oder müsste da auch etwas vorangegangen sein?

(9) Deutschland setze keine Kampftruppen in das Bürgerkriegsgebiet des ehemaligen Jugoslawien in Marsch, beteuerte 1994 der damalige Bundeskanzler Helmut Kohl. (Spiegel 21. 8. 2006, 25)

Kritischer noch hier:

(10) „Klar ist, dass unsere Sanktionen die Junta nicht beeindruckt haben", gab die neue US-Außenministerin Hillary Clinton auf ihrer jüngsten Asien-Reise zu. (Spiegel 12/ 2009, 93)

Man fragt sich, wieso etwas zuzugeben war. Hat sie es vorher abgestritten?

4.6 Fazit

Fazit

Was in einer Äußerung steckt, wurde hineingesteckt, und zwar so, dass der Partner es herausholen kann. Für eine präzise Analyse ist ein präzises Begriffsinventar unerlässlich. Wichtige Aspekte bilden:

- Die Beziehungen zwischen Sätzen und Äußerungen
- Die Darstellung der Beziehungen in einer Beschreibung

Die hier eingeführten Relationen scheinen nicht immer trennscharf. Sie wurden weitgehend an Kleinbeispielen entwickelt. Die Gesamtsituation scheint komplizierter und immer neu zu erörtern. Aber als methodische Instrumente in der Anwendung auf Kommunikationen müssen und werden sich die Relationen bewähren. Im Ernstfall sollten wir die Analyse verfeinern und uns weniger auf den technischen Apparat verlassen.

4.7 Aufgaben und Vertiefung

Aufgaben

1. Kennzeichnen Sie Präsuppositionen mit P und Implikationen mit I.

Der Offizier unterschrieb die Erklärung.	Es gibt einen Offizier. Es gab einen Offizier. Es gibt eine Erklärung. Eine Erklärung wurde unterschrieben. Es gab eine Erklärung. Ein Offizier unterschrieb eine Erklärung.

A behauptet, die Erklärung wurde unterschrieben.	Die Erklärung wurde unterschrieben.
A bestätigt, die Erklärung sei unterschrieben.	Die Erklärung wurde unterschrieben.
A weiß, dass die Erklärung nicht unterschrieben wurde.	Die Erklärung wurde nicht unterschrieben.
A bestreitet, dass die Erklärung nicht unterschrieben ist.	Die Erklärung ist nicht unterschrieben.

2. Die folgenden Schlüsse sind unvollständige Argumentationen, sog. Enthymeme. Was bleibt implizit? Holen Sie es heraus.

(1) Der Soldat hat unterzeichnet. Er hat sich also mit dem Inhalt identifiziert.

(2) Ich konnte nicht unterzeichnen, weil ich Ideologisches nicht unterschreibe.

3. Was bewirken iterative Adverbien? Was steckt in diesen Sätzen und aufgrund welchen Schlusses?

(3) Du hast wieder nicht aufgepasst.

(4) So mancher findet Aktentasche oder Koffer nicht wieder.

(5) Die Spieler sind wieder in der Stadt angekommen.

(6) Auch eine Kriminalhauptmeisterin, die das Geschehen verfolgte, arbeitet wieder.

Vertiefung

Übersichtlich ist Huang 2007, Kap. 3. In die Tiefe geht Gazdar 1979. Ein Klassiker für das Deutsche: von Polenz 2008, Kap. 2.

5 Sprechakttheorie

5.0 WarmUp und Lernziele

WarmUp

Ein Autofahrer zeigte aus seinem Auto heraus mit Blick zur Videoüberwachungskamera den ausgestreckten Mittelfinger. Die missachtende Geste wurde aufgezeichnet. Das Bayerische Oberlandesgericht verurteilte den Fahrer. Wieso? Weswegen und wozu wohl?

Ziele

In diesem Modul werden Sie
- sich mit einer zentralen Partie der Pragmatik vertraut machen,
- Aufbau, Typen und Bedingungen von Sprechakten erkennen,
- die Unterscheidung direkt vs. indirekt hinterfragen.

5.1 Sprechakte und Performative

Performative gelten als große Entdeckung des Philosophen John L. Austin (Austin 1962). Ein Performativ ist ein Satz, mit dessen Äußern man exakt die Handlung vollzieht, die das darin enthaltene Verb benennt. Ein Musterbeispiel ist:

Performativ

(1) Ich taufe dich auf den Namen X.

Natürlich müssen entsprechende Bedingungen erfüllt sein, damit der Akt gelingt. Die kanonische Form eines Performativs lautet:

(2) Ich V-e hiermit.

Diese Form ist weiter bestimmt durch die folgenden Kriterien:
- V ist ein performatives Verb.
- V steht in der 1. Person Präsens Indikativ.
- *hiermit* bezieht sich reflexiv auf den Akt.

Die Äußerung einer performativen Formel ist keine Beschreibung des Akts, sondern der Akt selbst. Darum ist ein Performativ weder wahr noch falsch. Es kann allerdings misslingen. Frequente performative Formeln sind:

Performative Formeln

(3) Ich fordere Sie hiermit auf ...
Ich erkläre hiermit meinen Rücktritt.
Ich erkläre hiermit, dass ...
Ich entschuldige mich hiermit in aller Form.
Hiermit möchte ich Ihnen mitteilen, dass ...
Ich beantrage hiermit ...
Ich bewerbe mich hiermit ...
Hiermit bestelle ich die ...

Das Kriterium der 1. grammatischen Person gilt nicht nur für den Singular, sondern auch im Plural. Es geht im Grund darum, dass der Sprecher (und damit Akt Ausführender) im Subjekt genannt wird:

(4) Wir fordern Sie hiermit auf ...
Wir bestätigen Ihnen hiermit ...

Perfomative Varianten

Der Sprecher kann sogar implizit bleiben, wenn nur das Kriterium „1. Person“ erfüllt ist.

(5) Sie sind hiermit eingeladen.
Das sei hiermit wärmstens empfohlen.
Dies sei hiermit nachgeholt.
Der Beschluss wird hiermit bekanntgemacht.
Hiermit sei ausdrücklich gewarnt ...

Weitere Abwandlungen sind möglich:

(6) Ich möchte mich hiermit herzlich bedanken.
Wir möchten uns hiermit entschuldigen.

Das Pronomen *hiermit* allein genügt nicht als Kriterium, weil es einen weiteren Gebrauch hat. Während es im folgenden Beispiel anaphorisch zu verstehen ist, gilt für die performative Formel, dass es sich reflexiv auf den Äußerungsakt selbst bezieht:

(7) Wir renovieren unser Haus. Die hiermit verbundenen Kosten ...

Nur bestimmte Verben können performativ verwendet werden. Wenn ich ins Wasser falle und sage „ich schwimme“ werde ich dadurch – so schön das auch wäre – nicht schwimmen. Nicht einmal Gott hat die Welt klar performativ geschaffen, obwohl sein „Es werde Licht!“ nahe dran ist, weshalb Performativität schon vor den Sprachphilosophen im religiösen Bereich diskutiert wurde. Die Lichtwerdung durch das Wort Gottes kann (und sollte?) verstanden werden als Folge seiner Äußerung, also nicht performativ im Sinne, dass Gott das Licht schuf, indem er die Äußerung tat.

Performative Formeln

Zwischen den verschiedenen Performativen gibt es Unterschiede im Detail. Manche sind im Wortlaut absolut standardisiert. Die performance zählt nur, wenn der Wortlaut eingehalten ist, z. B. „Te absolvo“. Andere sind hier variabler. Manche sind per se vollständig, andere brauchen Ergänzungen oder Auffüllungen, unsere drei Pünktchen in (3) deuten das an.

Außerdem gibt es nach Austin sozusagen performative Äußerungen ohne performatives Verb. Und sog. implizite Performative. So wenn man jemanden beleidigt, indem man äußert:

(8) Sie Idiot!

Was aber hat man hier getan? Es ist ein Akt, der gar nicht performativ vollzogen werden kann. So verwischen sich die Grenzen zwischen performativen und feststellenden Akten. Darum hat Austin diese Unterscheidung letztlich aufgegeben und implizite Performative angesetzt. So wird normalerweise mit dem Äußern von *Danke* auch der Akt des Sich-Bedankens performativ ausgeführt.

Mit seinen Überlegungen hatte Austin eine neue Betrachtungsweise eingeführt: Es ging nicht mehr nur um Sätze, ihre grammatische Struktur und Bedeutung, sondern um das, was wir mit den Sätzen tun können. Es ging darum, dass wir mit und in Sprache Handlungen vollziehen. Dies wurde zur Grundlage der Sprechakttheorie.

Performative gelingen wie andere Handlungen nur, wenn bestimmte Bedingungen erfüllt sind: Gelingen

- Es gilt eine Konvention, nach der Äußern von (2) als V-en zählt.
- Der Sprecher meint es ernst.
- Die Beteiligten haben den entsprechenden Status.

Im Laufe seiner Erörterungen kommt Austin weiter, indem er alle möglichen sprechakt-bezeichnenden Vorspänne als performative Äußerungen den konstativen gegenüberstellt, bei denen der Vollzug und das Gelingen der Äußerung eben das Gesagte noch nicht wahr macht. Seine Idee war aber nun, dass in konstativen Äußerungen eigentlich immer Performative stecken, eben nur nicht explizit.

Nach Austin sind bei jeder sprachlichen Äußerung verschiedene Aspekte des Akts zu unterscheiden. Mit der Äußerung vollziehen wir einen lokutionären Akt: Wir machen eine lautliche Äußerung, die auch grammatisch geformt sein kann. Aber, indem wir das äußern, tun wir noch etwas anderes. Wir machen etwa eine Behauptung. Dies ist der illokutionäre Akt. Für die Bezeichnung illokutionärer Akte haben wir Verben, die auch performativ verwendet werden können – so Austin. Die Eingrenzung illokutiver Verben und damit die Bestimmung des illokutionären Akts ist schwierig. Aspekte von Sprechakten

5.2 Aufbau und Arten von Sprechakten

Eine Systematisierung der Austinschen Einsichten hat Searle erarbeitet. Systematisierungen haben den Vorteil der Übersichtlichkeit, sie sind damit besonders für Lerner angenehm und sie werden besser rezipiert, sind damit erfolgreicher. Sie gehen aber meist einher mit einem Problemverlust. Es gehen zum Beispiel verloren die sog. odd cases, um die es Austin besonders ging, weil die eben unsere Erkenntnis voranbringen. Vor allem auch deshalb, weil wir uns beim Reflektieren über Sprache immer wieder dadurch vertun, dass

- uns nur zugänglich ist, was wir selbst tun und beherrschen,
- uns nur einfällt, was uns eben einfällt.

Die Vielfalt, die Komplexität, die große Zahl überblicken wir nicht. Sie geht uns bei dem Marsch durch die Intuitionen verloren.

Searles Grundidee: Sprechen ist regelgeleitetes Handeln. Das Sprachspiel ist geregelt und dadurch definiert wie das Schachspiel. Es gibt konstitutive Regeln, die überhaupt festlegen, was als bestimmter Zug gilt, unter welchen Bedingungen er gelingt, und regulative Regeln, die formulieren, wie man einen Zug besser ausführt, etwa die strategischen Regeln im Schach. Konstitutive Regeln sind deskriptiv, sie sind keine Vorschriften, nicht normativ gedacht, obwohl bei ihrer Verletzung der Akt nicht zustande kommt. Wichtig ist, dass sprachliche Regeln nicht irgendwie von außen festgelegt sind. Sie entstehen in Kommunikation und Sprachentwicklung. Sie sind offen, zeigen teilweise individuelle Ausprägung und unterliegen dem Wandel. Regeln

Austin kam es anfangs besonders auf die Unterscheidung performativ vs. konstativ (= feststellend) an, die sich allerdings bei ihm langsam verläuft. Searle bringt vor allem zwei Verbesserungen:

- Aufsplittung der lokutiven Komponente,
- Einführung des propositionalen Akts und mit der Teilung in Referenz und Prädikation den Anschluss an die sprachanalytische Philosophie.

SA-Struktur

Searle hat eine klare Struktur im Blick, wenngleich hier definitorisch nicht alles klar ist.

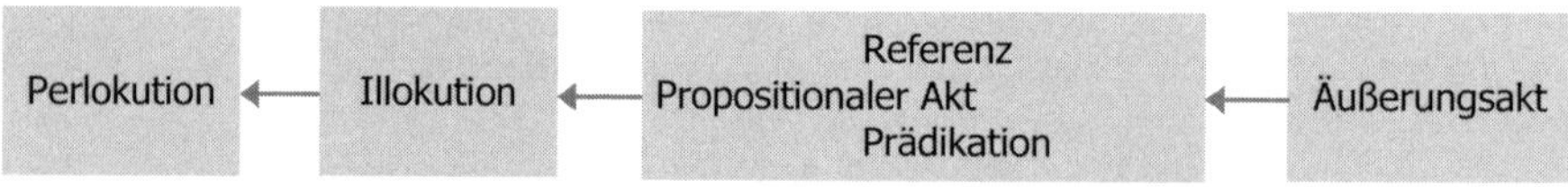

Die äußerste Erzeugung, die perlokutionäre Komponente ist charakterisiert durch Verben wie *überzeugen*, *überreden* und *beleidigen*.
In der perlokutionären Komponente geht es wie bei allen Akten darum, den Zustand der Welt zu verändern oder eine anstehende Veränderung zu verhindern, in Bezug auf Partner etwas zu verändern:

- den mentalen Zustand des Partners verändern, etwa dass er etwas glaubt, was er vorher nicht geglaubt hat,
- den psychischen Zustand des Partners zu verändern, etwa dass er ruhiger wird,
- den Partner dazu zu bringen, etwas zu tun.

Der Effekt ist keine kausale Folge und A kann auch nicht darüber verfügen. Entscheidend ist immer: B muss erst einmal den illokutionären Akt verstehen, dann dem A glauben oder sich entscheiden, nach dessen Wunsch zu handeln, oder die erhoffte psychische Wirkung zulassen. Verben für perlokutionäre Effekte oder Akte haben durch die Bank einen Slot, in dem der Adressat genannt wird, oft in einem akkusativischen Komplement.

Perlokutionäre Akte?

Einer sagt zu mir:
(8) Du Idiot!
Dann stellt der Richter fest: Er hat mich beleidigt. Ich bin aber gar nicht beleidigt, weil ich mich von Idioten nicht beleidigen lasse. Die Perlokution ist nur gelungen, wenn der Partner mitspielt. Der Sprecher kann darum nur versuchen, sie zu erreichen. Perlokutionäre Akte – wenn es sie denn gibt – sind darum nicht gerade prototypische Akte. Sie können nicht performativ vollzogen werden. Vor allem auch, weil sich erst post festum ergibt, ob einer gelungen ist. Die Effekte eines illokutionären Aktes sind im Grunde unüberschaubar und in diesem Sinn nicht regulär. Hier greifen weniger die konstitutiven Regeln als die strategischen, regulativen. Perlokutionäre Effekte sind nicht nur durch illokutionäre Akte zu erreichen. Ich kann jemanden täuschen, indem ich ihn belüge, aber auch auf viele andere Weisen. So öffnet sich hier der gesamte Raum des Handelns, für den dann auch die Linguistik eher nicht zuständig ist.

Illokutionäre Akte

Zentral ist die illokutionäre Komponente. Kommunikation besteht in illokutionären Akten – weitestgehend. Die Illokution scheint so schwierig zu definieren, dass sie meist über eine offene Liste von Akten eingeführt wird wie behaupten, fragen, versprechen und ähnliche. Die Illokution ist das, was ein Sprecher mit seiner Äußerung tun will, oder besser: als was die Äußerung zählt. Es muss im allgemeinen mit dem geäußerten Satz zum Ausdruck kommen. So werden Grundformen über die Satzarten Assertivsatz, Interrogativsatz und Imperativsatz indiziert. Hinzu kommen weitere Indikatoren der illokutionären Rolle wie Modus oder Intonation. Wir denken: Alles, was von der Äußerung erzeugt ist, gehört zur Illokution bis zur Perlokution als Grenze. Die Beziehung zwischen Äußerung und illokutionärem Akt ist nicht eins-zu-eins, sie muss nicht völlig regulär sein.

Den illokutionären Akt zerlegt Searle weiter, indem er aus Sätzen wie (9)-(12) ein gemeinsames Element herausfiltert.

(9) Den Beschluss machen wir bekannt.
(10) Machen wir den Beschluss bekannt?
(11) Machen wir den Beschluss bekannt!
(12) Ich möchte, dass wir den Beschluss bekannt machen.

Proposition

Das Gemeinsame ist die Proposition „dass wir den Beschluss bekannt machen". Es ist der Teil, der mit der Wahrheit einer Äußerung zu tun hat. Hierfür wird ein propositionaler Akt postuliert, der seinerseits wieder zwei Komponenten hat: In der Ausführung dieses Aktes referiert der Sprecher auf etwas und prädiziert etwas darüber.

Referieren

Der Referenzakt ist im Prinzip am besten von allen untersucht. Um auf etwas Bezug zu nehmen verwendet man bestimmte sprachliche Ausdrücke. Der Sprecher kann dabei definit (bestimmt) oder indefinit (unbestimmt) referieren. Für die Referenz werden meist Nominalphrasen (NP) verwendet. Definit referiert er mit Ausdrücken wie:

Eigennamen	[Heinemann] war dabei.
Pronomen	[Er] ist ein guter Demokrat.
NP mit definitem Artikel	Die Würde [des Menschen] ist unantastbar.
NP mit Numeralia	Das Gremium besteht aus [drei Richtern].
NP mit Quantoren	[Jeder Mensch] hat das Recht auf freie Entfaltung.
Relativsätze	Dies sind Rechte, [deren Anwendung sichergestellt ist].

Indefinit referiert der Sprecher mit Ausdrücken wie:

NP mit Indefinitartikel	[Eine private Volksschule] gibt es nicht.
Relative w-Sätze	[Wer aus einem Drittstaat einreist], wird anders behandelt.

Solche Ausdrücke haben fast immer deiktische und charakterisierende (deskriptive) Teile. Es ist fraglich, ob Pronomen oder Eigennamen die Urzelle definiten Referierens sind. Pronomen werden sinnvoll in der Sprechsituation, Eigennamen durch den Akt der Namengebung.

Eigennamen

Eigennamen sind ein gutes Muster für definites Referieren. Sie wurden fixiert in der Namengebung, sind sozusagen im Common Ground. Ihre deskriptiven Elemente sind meist null, werden zumindest so gesehen. Sie können aber auch deskriptive Züge haben wie männlich vs. weiblich bei Vornamen. Die Unizität ist allerdings nicht gewährleistet, viele Eigennamen sind mehrfach fixiert. Es gibt zum Beispiel viele Personen gleichen Namens. Unizität gilt erst in der jeweiligen Kommunikationssituation, gesichert durch das Gemeinsame Wissen.

Das Referieren gelingt nicht immer auf Anhieb. Öfter braucht es eine Klärung zwischen den Partnern:

(13) A: Und dann äh wollten wir zu Lucero fahren.
B: Ach, ihr wolltet gar nich zu deim Bruder?
A: Nein. Ja, zu Lucero eigentlich.
B: Is das der im Rollstuhl?
A: Lucero?
B: Ja wer is Lucero?
A: Lucero is die ... die Freundin von Victor.
B: Ach die Freundin, kenn ich doch.

Der Referenzakt kann sogar trotz falscher Deskription gelingen. Etwa, wenn man auf jemanden referiert mit *der Kerl da hinten mit den roten Haaren* und sich später herausstellt, dass es sich um eine Frau handelt und die Haare gefärbt sind.

Prädizieren

Den Prädikationsakt vollzieht man klassisch mit grammatischen Prädikaten. Sie haben unterschiedliche Form.

Verben	Die ungestörte Religionsausübung [wird gewährleistet].
Adjektivphrasen	Männer und Frauen [sind gleichberechtigt].
NP	Dies [ist ein gutes Gesetz]?

Bedingungen für Sprechakte

Auch der Äußerungsakt kann weiter aufgefächert werden. Da hierbei in der Regel ein Satz geäußert wird, hat man – etwa überzogen – weitere Akte postuliert nach den anerkannten Eigenschaften von Sätzen, etwa den phonetischen Aspekt, den grammatischen Akt usw. Illokutionäre Akte gelingen wie alle Akte nur unter spezifischen Bedingungen. So kann es für jeden Akt einen Set von Bedingungen C geben. Den Set C kann man aufdröseln. Searle entwickelt das am Beispiel „versprechen". Dabei wird herausgearbeitet, dass man sich mit einem Versprechen verpflichtet, etwas zu tun, das man tun kann oder könnte und das auch zum Vorteil des Partners ist. Das verallgemeinert er zu folgendem Set von Bedingungen für Sprechakte.

Diese Bedingungen sind unterschiedlich allgemein. Die spezifischste ist 5, sie ist entscheidend für den jeweiligen Akt, während 4 problematisch erscheint, weil die Akte auch unaufrichtig gelingen. Bedingung 2 gilt nicht für alle Sprechakte, weil es auch propositionslose gibt wie begrüßen, indem man *ciao* äußert.

1. Normale Eingabe- und Ausgabebedingungen

Sie gewährleisten, dass die allgemeinsten Bedingungen für sinnvolles Sprechen sowie für Verstehen erfüllt sind.

2. Bedingungen des propositionalen Gehalts

Hier wird die Proposition entsprechend dem jeweiligen illokutionären Akt charakterisiert. Beim Versprechen z. B. muss es sich um einen künftigen Akt des Sprechers handeln.

3. Einleitungsbedingungen

Der Akt muss sinnvoll sein. Man kann nicht sinnvoll jemanden zu etwas auffordern, das er bereits tut. Bei Aufforderungen z. B. muss der Aufgeforderte in der Lage sein, die Handlung zu tun, zumindest muss der Sprecher dies annehmen.

4. Aufrichtigkeitsbedingung

Die Beteiligten müssen es ernst meinen. Wer etwas behauptet, muss es auch glauben; wer etwas fragt, sollte es nicht schon wissen. Beim Versprechen muss A die Absicht haben den Akt auszuführen und muss glauben, dass es ihm möglich ist.

5. Wesentliche Bedingung

Sie spezifiziert, worin die Natur des illokutionären Akts besteht. Bei Versprechen z. B. besteht sie in der Absicht, sich zur Ausführung einer bestimmten Handlung zu verpflichten.

6. Bedeutungstheoretische Bedingung

Sie gewährleistet, dass die vorgebrachte Äußerung aufgrund von Konventionen als Vollzug des jeweiligen illokutionären Akts gilt.

Die Bedingung 6 betont den konventionellen Aspekt der Sprechakte, nach der die Äußerung regulär zur Ausführung des Sprechakt taugen sollte. Das ist für Searles Ansatz plausibel. Es greift aber zu kurz, weil in realer Kommunikation Sprechakte durchaus auch gelingen können, wenn die Sprecherintention auf Basis gemeinsamen Wissens erfasst wird.

Sprechakt-Typologie

Eine weitere wichtige Systematisierung Searles war die Erarbeitung einer Typologie der Sprechakte (Searle 1975). Zur Klassifikation verwendete er Kriterien wie:

- Was ist der Zweck des Sprechakts?
- Wie ist das Verhältnis zwischen Wort und Welt gefasst?
- Welche Einstellung zur Proposition offenbart der Sprecher?
- Wie streng wird der Zweck angestrebt?

Assertiva
wie *behaupten, mitteilen, feststellen, informieren, beschreiben*

In einem assertiven Sprechakt teilt der Sprecher dem Hörer mit, dass etwas der Fall ist, dass er eine Proposition für wahr hält. Prototyp eines assertiven Sprechakts ist die Aussage.
Worte und Welt seien in Übereinstimmung.

Direktiva
wie *befehlen, bitten, fragen, verbieten, erlauben, raten*

In einem direktiven Sprechakt versucht der Sprecher, den Hörer dazu zu bringen, etwas Bestimmtes zu tun. Prototypen sind die Frage und die Aufforderung.
Die Welt ist mit der Äußerung in Übereinstimmung zu bringen; der ausgedrückte mentale Zustand ist ein Wunsch.

Kommissiva
wie *versprechen, geloben, ankündigen, schwören, drohen*

Im kommissiven Sprechakt verpflichtet sich der Sprecher selbst zu einer künftigen Handlung. Prototyp ist versprechen.
So ist die Welt mit der Äußerung in Übereinstimmung zu bringen; der ausgedrückte mentale Zustand ist eine Absicht.

Deklarativa
wie *kapitulieren, ernennen, definieren, missbilligen, kündigen*

In deklarativen Sprechakten schafft der Sprecher durch seine Worte einen Sachverhalt. Wie die Taufe sind diese Sprechakte meist performativ und an die Existenz von Institutionen gebunden (z. B. Gericht, Kirche, Regierung).

Expressiva
wie *danken, bedauern, gratulieren, klagen, sich entschuldigen*

In einem expressiven Sprechakt gibt der Sprecher seiner Haltung oder seinem Gefühl bezüglich eines Sachverhalts Ausdruck. Beispiele sind die Danksagung und die Gratulation.
Es gibt keine Anpassungsrichtung zwischen Wort und Welt.

Wertet man die Kriterien anders, kommt man zu anderen Klassifikationen. So sind Direktiva und Kommissiva in puncto Wort-Welt-Passung gleich sind. Man könnte sie gut zusammenfassen (Meibauer 2001, 97). Im Übrigen kann man alle Klassen in der Einzelbetrachtung beliebig verfeinern.

Sprechakte universal?

Searle war als Philosoph universalistisch eingestellt, er baute auf Intuition. So hat ihn im einzelnen nicht interessiert, wie sprechaktbezeichnende Verben tatsächlich verwendet werden. Es wurde sogar behauptet, dass Sprechakte unabhängig von den jeweiligen Verben existieren. Wie sollten sie sonst existieren? Wer empirisch vorgehen will, kann sich nicht beschränken auf intuitive, zur Normierung neigende Darstellung. Er kommt an der Bedeutung der Verben ebenso wenig vorbei wie an der Analyse tatsächlicher Kommunikation.

So standen feine Unterschiede verschiedener Sprachen nicht zur Debatte, etwa dass *to ask* in etwa deutsch *fragen* und *bitten* abdeckt. Auch in der Verpflichtung, die man mit Versprechen eingeht, wurde nicht differenziert. Berühren solche Detailuntersuchungen die Taxonomie oder nicht? Sie zeigen auf jeden Fall Übergänge und Überkreuzungen. Ein Vorwurf hat durchaus assertive wie direktive Aspekte; zum Entschuldigen gehört kein besonderer mentaler Zustand.

IFIDs

Eine weitere wichtige Aufgabe hat Searle der Linguistik über- und hinterlassen. Delegieren Pragmatiker nicht zu viel ans gemeinsame Wissen? Mit seiner Äußerung sollte ein Sprecher doch indizieren, welchen Sprechakt er vollzieht. Hierzu verwendet er IFIDs, das sind illocutionary force indicators, die Hinweise geben auf den jeweiligen Sprechakt. Sie bilden – technisch gesprochen – die Schnittstelle zur Grammatik und Semantik. IFIDs gibt es unüberschaubar viele und sie sind sprachspezifisch. Als universal gelten Assertivsatz, Interrogativsatz, Imperativsatz, die im Deutschen durch die Stellung des finiten Verbs charakterisiert sind. Weitere IFIDs sind etwa:

- Intonation,
- Verbmodus,
- Modalverben, Satzadverbien und Modalpartikel.

Sie kommen regelmäßig gemischt vor. Auch der vorangehende Kontext kann als IFID gesehen werden.

Sprechakte können binnendifferenziert werden. So ist die wesentliche Bedingung des Fragens: A möchte von B etwas wissen. In der Ausdifferenzierung können wir verschiedene Typen unterscheiden.

Fragetypen

Entscheidungsfrage	B soll entscheiden, ob er eine vorgeführte Proposition für wahr hält.
Alternativfrage	B soll entscheiden, welche von (zwei) vorgeführten Propositionen er für wahr hält.
Ergänzungsfrage	Die w-Stelle einer offenen Proposition soll von B gefüllt werden.
Bestätigungsfrage	B soll entscheiden, ob er eine vorgeschlagene Proposition für wahr hält.
Prüffrage	B soll zeigen, dass er die Frage beantworten kann.
Suggestivfrage	B soll der insinuierten Proposition zustimmen.
Rhetorische Frage	B soll dem A beipflichten zu einer evident für wahr gehaltenen Proposition.

Paare und Sequenzen

Die Analyse einzelner Sprechakte kann ergänzt werden durch Sequenzen von Sprechakten. So werden die Akte in Gespräche eingebettet. Das liegt schon nahe bei direkt aufeinander bezogenen Akten wie fragen – antworten. Hier kann der vorhergehende Akt als Bedingung eingehen. Entsprechend kann man unterscheiden:

rückwärtsorientiert	vorwärtsorientiert
zustimmen – ablehnen – akzeptieren	fragen – anbieten – raten
antworten – ergänzen – danken – grüßen	auffordern – empfehlen – grüßen

Es gibt längere Sequenzen wie Behaupten – Bestreiten – Beharren – Beweisen. Sie sind nicht einsträngig: An jeder Stelle gibt es Alternativen und Zerlegungen. So entstehen verzweigende Ablaufbäume.

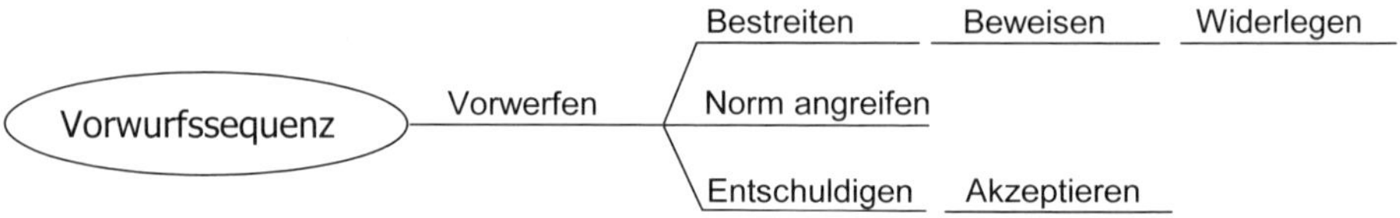

Bei genauerer Ausführung nimmt das eine so hohe Komplexität an, dass derartige Beschreibungen Mangelware bleiben müssen.

5.3 Indirekte Sprechakte

Zwei Akte?

Unter indirekten Sprechakten versteht Searle solche, in denen, was der Sprecher mit der Äußerung meint und was der Satz bedeutet, irgendwie auseinanderklaffen. Das aber sollte ja der Normalfall sein. Hier geht es speziell darum, dass ein Sprecher zwei illokutionäre Akte vollziehe. Mit (14) bittet der Sprecher und behauptet etwas:

(14) Ich hätte gern drei Eier.

Bittet er, indem er behauptet? Man könnte sagen: Ja.

Searle scheint insofern kommunikativ orientiert, als er die Bitte den primären Akt nennt und die Behauptung als sekundär sieht. Wie aber kann dem Sprecher so etwas gelingen? Dafür gibt es eine pragmatische Erklärung:

- Es gibt konventionalisierte sprachliche Formen, die eine solche Deutung nahelegen.
  Ich möchte ... (Behauptung für Aufforderung)
  Könnten Sie ...? (Frage für Aufforderung)
- Der Hörer sucht eine kohärente Deutung. Dafür kann er etablierte Wege gehen: Warum fragt A mich in diesem Zusammenhang, ob ich das kann? Das ist die Frage, die sich in vielen Fällen stellt. Die Antwort: „Ich soll es tun" kann zur Routine werden.

Searle gibt eine Ableitung des indirekten Sprechakts vom direkten in zehn Schritten, die allerdings nach seiner Meinung im normalen Gespräch niemand bewusst gehe – aber wirklich unbewusst?

Die Frage ist: Wie kommt man zu der Annahme eines sozusagen wörtlichen Verständnisses? Wenn schon der Weg nicht tatsächlich gegangen wird, vielleicht verstehen die Sprecher direkt; das wäre doch effektiver. Dafür spricht, dass schon Zweijährige locker mit solchen Redeweisen umgehen. Vor allem reflektiert Searle eher mit nackten Sätzen. Der Kontext, insbesondere die unerlässliche Intonation wird nicht in die Rechnung einbezogen (Assertivsatz mit Frageintonation). Für das Verstehen des indirekten Sprechakts werden folgende Möglichkeiten diskutiert, die sicherlich von Fall zu Fall unterschiedlich wirken:

Indirekt verstehen?

- Man versteht beides gleichzeitig.
- Man versteht den indirekten Akt direkt und nur den.
- Man versteht den indirekten Akt direkt und kann den direkten erschließen.
- Man versteht zuerst den direkten Akt und erschließt dann den indirekten.

Eine wichtige Frage wäre: Warum macht man so etwas? Was ist der kommunikative Sinn und die Wirkung? Warum mutet man dem Hörer das Indirekte zu? Es geht oft um höfliche Formulierungen. Und bei denen wird sozusagen erst mal eine Voraussetzung dafür abgeklärt, ob der Angesprochene etwas tun kann, bevor man es von ihm verlangt. Ein sanfter Weg: Diese Form der Abklärung lässt dem Partner mehr Reaktionsmöglichkeiten, die er als nette Geste realisiert, auch wenn er sie gerade nicht nutzt.

Warum indirekt?

In einem empirischen Test wurden die Reaktionen von Sprechern auf indirekte Sprechakte erhoben (Clark 1991). Searle hatte angenommen, (15) etwa enthalte erstens eine Frage und zweitens eine Aufforderung. Das wird in den Antwortmöglichkeiten deutlich.

Empirie

(15) Können Sie mir sagen, wie viel Uhr es ist?

Sprecher könnten unterschiedlich reagieren. Unkooperativ wie in (16) oder kooperativ wie in (17) und (18):

(16) Ja.

(17) Ja, 12 Uhr.

(18) Es ist 12 Uhr.

Tatsächlich antworten über 90 % der Sprecher nach Typus (18). Das deutet darauf hin, dass hohe Konventionalisierung vorliegt, dass öfter auf jeden Fall nur ein Akt vollzogen sein könnte und dass die Annahme der Indirektheit streckenweise ein Beschreibungsartefakt sein könnte. Bestärkt wird das dadurch, dass bei weniger üblichen Formulierungen – wie etwa (19) – der Anteil des Typus (16) steigt:

(19) Ich frage mich, wie viel Uhr es ist.

Formeln wie (20) scheinen hoch etabliert zu sein, so dass man mindestens anerkennen muss, dass es Grade der Indirektheit gibt wie Grade der Konventionalisierung.

(20) Könnten Sie mir bitte ...?

Marker der Indirektheit

Hier ist vor allem zu beachten das eingeschmuggelte *bitte*, das gar nicht in die direkte Frage passen würde. Wir können dies auch als Indikatoren der Indirektheit werten, so dass im Grund auch mehr oder weniger direkt der primäre Sprechakt vollzogen wird. Wir könnten auch IFIDs der Indirektheit bestimmen wie *schon*, das in (21) eine rhetorische Frage indiziert, die wir als Behauptung über eine erschlossene Antwort „Nicht viel" oder ähnlich verstehen:

(21) Was ist schon eine Theorie?

Ähnlich *nicht* in der Suggestivfrage (22), mit der man die Antwort „Ja" nahelegt:

(22) Ist das nicht klug?

In realer Kommunikation bedarf es schon mal einiger Anstrengung den Sprechakt zu bestimmen. Der dritte, der Analysierende kann dazu seine Meinung entwickeln. Bestimmend sind aber die Deutungen der Beteiligten, die sich unter Umständen in der Fortsetzung zeigen.

(23) A: So. Und du würdest denen die Eisenbahn aufbauen.
B: Kann ich machen. Aber da können nur zwei spielen.

A äußert einen Behauptungssatz (mit Konjunktiv!). Stellt sie eine Frage? Fordert sie auf? Und B? Stimmt er zu?

5.4 Exempel: Beleidigen

Beleidigen ist eine Handlung, für die man bestraft werden kann. Hier könnte die Relevanz der Pragmatik deutlich werden. Denn die Feststellung, ob der Akt gelungen ist, ist für die Strafverfolgung essentiell. Wir geben hier eine komponentielle Analyse des Akts, allerdings in der juristisch konstruierten Variante, die versucht, das Beleidigen als eine Art illokutionären Akt zu konstruieren.

Rollen

1. Die Beteiligten

Es sind vier Mitspieler beteiligt: der Beleidiger A, der Beleidigte B, der Nachweis C, der Verfolger D. Die vier sind als Rollen konzipiert.

1.1 Der Beleidiger

Als A kommen Personen in Frage, und zwar nur Menschen. Ausgenommen sind wohl Unzurechnungsfähige und Kinder.

1.2 Die Beleidigte

Wer kann beleidigt werden? Alle Personen, auf jeden Fall auch Geisteskranke. Allerdings kann man Tote nicht beleidigen.

Auch Gruppen können beleidigt werden. Von der Beleidigung der Gruppe geht sie distributiv auf jedes Mitglied der Gruppe über.

Wenn ich eine Gruppe mit *alle X* beleidige, meine ich dann wirklich jeden? Wenn ich sage „Alle Soldaten sind Mörder", habe ich dann jeden einzelnen gemeint? Spektakulär ist Transitivität: A beleidigt die Frau, damit die Familie, damit den Ehemann. In der Nazizeit heißt es sogar: „Ehrenkränkungen der Ehefrau treffen auch den Ehemann." Geht das wirklich?

1.3 Der Nachweis

C – etwa ein Zeuge – kommt ins Spiel, wenn die Beleidigung nachgewiesen werden soll. Dann braucht es juristische Beweismittel. Besteht die Beleidigung in einem kommunikativen Akt, muss B nicht anwesend sein. Es genügt, wenn die Äußerung gegenüber einem Dritten geschieht. Allerdings ist im prototypischen Fall B = C. Darum muss nicht unbedingt ein C dabei sein: Das ist für A von Vorteil.

Für die Cs gibt es gewisse Einschränkungen. So sind alle Äußerungen nicht verwertbar, die nicht für Dritte bestimmt sind. Der C ist immer ein Lauscher an der Wand, wenn A nicht weiß, dass es ihn gibt. C muss keine Person sein. Es gelten auch manifeste Cs, zum Beispiel Ton- oder Video-Aufnahmen und natürlich Texte.

1.4 Der Verfolger

Die Verfolgung ist nur durch die Justiz möglich. Hier tritt der ganze juristische Apparat ein bis zur Richterin, die letztlich das Urteil spricht. Da kann sich der Apparat auch anmaßen, eigene Kriterien zu entwickeln, etwa dass Tote doch beleidigt werden können, auch wenn sie gar nichts davon wissen.

2. Die Erzeugung

Wie jeder Akt ist Beleidigen intern strukturiert durch die indem-Relation.

Wie geht das?

A beleidigt B, indem A ...

Wie macht A das? Gewöhnlich wird die Erzeugung so gesehen:

... indem A Bs Ehre (oder Menschenwürde?) angreift.

Das klingt recht ungewöhnlich in der heutigen Zeit, darf aber nicht einfach als juristischer Terminus genommen werden, ohne dass die Fundierung in der normalen Sprache, im normalen alltäglichen Handeln geleistet wäre. In jedem Fall stellt sich die Frage: Wie macht man nun dies, die Ehre angreifen? Es werden gewöhnlich drei Fälle unterschieden.

2.1 Äußerung verbal

Hier wird klassisch differenziert: Tatsachenbehauptung und Werturteil. Das ist alles andere als klar. Unter Werturteil fallen etwa Beschimpfungen, die allerdings nicht propositional sind und damit im logischen Sinn keine Aussagen. Wichtig ist die Unterscheidung deshalb, weil man im Fall der Tatsachenbehauptung den Nachweis erbringen, also die Behauptung verifizieren und sich so salvieren kann. Bei der Behauptung, B sei ein Dieb, wird man regelmäßig salviert, wenn ein einschlägiges Urteil rechtskräftig ist.

Eine andere Frage ist, ob die Behauptung ernst gemeint war. Frage: Wie stellt man das fest?

Es gibt genügend Wörter, die extra dafür da sind zu beleidigen. Interessant für Linguisten ist die Einschätzung von sog. Redensarten wie „Leckmich“, die sehr stark landschaftlich und schichtenspezifisch beurteilt werden. Die Richter urteilen hier in der Regel nach ihrer eigenen Sprachkompetenz.

2.2 Gestisch
Wir haben spezielle Gesten, die fürs Beleidigen erfunden und konventionalisiert sind: Vogel zeigen, Stinkefinger usw. Das kann nach der Rechtsprechung erstaunlich weit gehen: Ausspucken vor einem anderen, übertriebene Respektbezeugungen vor einem Vorgesetzten, einem anderen die Tür vor der Nase zuschlagen, Ausräuchern des Stuhls, auf dem jemand gesessen hat.
2.3 Tätlich
Tätlich sind insbesondere Berührungen und gewalttätige Handlungen. Tätliche Beleidigungen werden stärker bestraft. Besonders betroffen sind geschlechtliche Handlungen. Wie ja überhaupt das Geschlechtliche eine Hauptspielwiese des Beleidigens darstellt.
Erwähnenswert wäre noch, dass der Beleidigen-Akt auch durch Unterlassung vollzogen werden kann. Das gilt wohl für verbale Akte und ist besonders schwer abzugrenzen von der Unhöflichkeit. Gemeint ist zum Beispiel das Weglassen der Anrede „Herr".
3. Gelingen
Bedingungen
Die Grundidee des Beleidigens und seiner Strafwürdigkeit ist, dass irgendwas von B geschädigt wird. Nicht ihr Eigentum, sondern sie als Person. Dabei geht es durchaus um Körper und Seele. Eigentlich geht es um den Sozialstatus, dessen Prototyp wohl die Ehre sein soll.
3.1 Ernsthaftigkeit
Eine wichtige Voraussetzung für das Gelingen der Beleidigung ist, dass sie ernst gemeint ist oder – besser gesagt –, dass, was gesagt wurde, ernst gemeint war. Denn erst dann wird es zur Beleidigung.
Tipp: Eine Retourkutsche wird nicht als Beleidigen gesehen.
3.2 Objektiv
Aus B ist beleidigt folgt nicht, dass B beleidigt wurde. Alles andere wäre sicherlich etwas zu einfach und gemein gegenüber A. Dennoch muss sozusagen objektiv festgestellt werden, ob eine Beleidigung vorliegt oder nicht. Dafür ist nur der Richter zuständig.
Frage: Nach welchem Verständnis könnte er das objektiv feststellen?
3.3 Adressiert
Das Ganze muss natürlich an den Mann oder an die Frau kommen. Dafür gibt es verschiedene Wege. Normal scheint die mündliche Äußerung oder der schriftliche Text. In modernen Zeiten entstehen hierbei ganz neue Probleme. Denken Sie an das WarmUp.
4. Die Verfolgung
Beleidigen ist ein Antragsdelikt. Es braucht einen Antragssteller E, der das Verfahren auslöst. Antragsberechtigt ist prototypisch die B. Wenn öffentliches Interesse besteht, können auch andere den Antrag stellen. Es verfolgt der ganze juristische Apparat.
Ein Tipp: Wie beleidige ich B am besten? Beleidigen mit einem klar adressierten, als Beleidigung anerkannten Schimpfwort im Beisein von C. Bedenken Sie das Strafmaß: Was gibt es wofür? Da schwanken die Gerichte deutlich. Merke: Frauen beleidigen ist teurer!

5.5 Fazit

Fazit

Sprechakte sind das A und O menschlicher Kommunikation. Die Untersuchung ihrer Struktur und der Bedingungen ihrer Ausführung bildet ein Zentrum der Pragmatik. Insbesondere die illokutionären Akte und die Teilakte des Referierens und Prädizierens sind für das Gelingen der Kommunikation ausschlaggebend.

5.6 Aufgaben und Vertiefung

Aufgaben

1. Johann Sebastian Bach soll kurz vor seinem Tod einen Choral und dessen Text diktiert haben, der so begann: "Vor deinen Thron tret ich hiermit" (im Original allerdings "Für deinen ...").
Könnte es sich hierbei um ein Performativ handeln?

2. Formulieren Sie nach dem Schema Seite 63 die Bedingungen aus für den Sprechakt versprechen, eines der meistdiskutierten Beispiele. Sie können natürlich auch recherchieren.

3. Untersuchen Sie die folgenden Sätze im Hinblick darauf, welche Bedingungen für das Versprechen nicht ganz erfüllt sind. Argumentieren Sie, wieso nicht?

Je mehr Beteiligte, desto größer wird die Gaudi, verspricht Lenz.
„Wir werden unser Bestes tun", verspricht der Beamte.
Umgangsrecht des Kinderschutzbundes verspricht Abhilfe.
Das Projekt verspricht eine teure Angelegenheit zu werden.
Erheblich einfacher werde alles, verspricht Microsoft.
Der CDU-Mann hatte ihnen den Wandel versprochen.
Der heiße Sommer verspricht ein gutes Geschäft für Biergärten.
Neue Batterien versprechen eine Reichweite von über 160 km.
Die Partei hat im Gegenzug einige Begünstigungen versprochen.
Eine runde Sache verspricht der Weihnachtseinkauf zu werden.
Ob er auch hält, was da versprochen wird?
Seinen jubelnden Anhängern verspricht er mehr Demokratie und Wirtschaftsaufschwung.
Die SPD verspricht sich davon eine friedliche Lösung.

4. Sie wollen für einen Partner verständlich und eindeutig Bezug nehmen auf ein bestimmtes dieser Objekte. Welche Voraussetzungen sollten erfüllt sein, damit dies gelingt. Ordnen Sie die Ausdrücke.

das große Eckige, das Linke, das Mittlere, das Quadrat, das dir am besten gefällt, das Runde, das Unregelmäßige, das von gestern, das wie Linda, Friedas Kopf, Sardinien

Vertiefung

Immer lesenswert: Kap. 2 des Originals Searle (1969), deutsch (1971). Klasse: Clark/ Bangerter (2004). Überblick Tsohatzidis (2010).

6 Kommunikation als kooperatives Unterfangen

6.0 WarmUp und Lernziele

WarmUp

Ein britischer Journalist schwankte zwischen dem Eindruck, besonders freundlich oder sarkastisch behandelt worden zu sein, als er von einer Pekinger Zeitung dieses Absageschreiben erhielt:

> Wir haben Ihr Manuskript mit grenzenlosem Genuss gelesen. Wenn wir Ihren Beitrag veröffentlichen würden, wäre es uns in Zukunft unmöglich, eine Arbeit von geringerem Standard zu publizieren. Und da es undenkbar ist, dass wir in den nächsten tausend Jahren etwas Gleichwertiges zu sehen bekommen werden, sind wir zu unserem Bedauern gezwungen, Ihren göttlichen Aufsatz zurückzusenden. Wir bitten tausendfach um Nachsicht für unsere Uneinsichtigkeit und Furcht.

Diese Chinesen! – Halten Sie die Story für realistisch?

Ziele

In diesem Modul behandeln wir

- Grundprinzipien menschlicher Kommunikation und wie sie funktionieren.

6.1 Grundidee: Grice

Eine linguistische Jahrhundertentdeckung sind die Griceschen Maximen. Hier kann man wirklich von Entdeckung sprechen, wo sonst für linguistische Theorien eher der Ausdruck „Erfindungen" angemessen wäre. Die Maximen haben uns das Funktionieren menschlicher Kommunikation besser verstehen lassen. Verblüffend, dass es so lange dauerte, bis sie entdeckt wurden. Der Grund mag ihre Selbstverständlichkeit sein. Gerade das Selbstverständliche, das Grundlegende ist uns schwer zugänglich, weil wir es ständig vor Augen haben. Es ist das Natürliche, fast Organische.
In seinen William James Lectures von 1967 erarbeitet Grice einen systematischen Katalog. Damit gelingt ihm der Traum, den so viele Wissenschaftler hegen: Alles aus einem Prinzip zu erklären. Er geht davon aus, dass menschliche Kommunikation ein vernünftiges und kooperatives Unternehmen ist. Als Fundament gilt Grice das Kooperationsprinzip:

> 0. Kooperationsprinzip
> Mache deinen Beitrag zu einem Gespräch so, wie der akzeptierte Zweck oder die Richtung des Gesprächs es verlangen an der Stelle, wo du ihn machst. (Grice 1991, 307 [1967: II 7])

Damit hat er die Grundlage formuliert, auf der wir über das Gesagte hinauskommen. Es ist das unverzichtbare Prinzip der Pragmatik.

6.2 Maximen der Kommunikation

Das Kooperationsprinzips hat Grice weiter ausgefaltet. Dieses explizite Fundament der Kommunikation formuliert er in Anlehnung an Kant in Form von Maximen. Wegen ihrer Wichtigkeit geben wir sie original (aber durchnummeriert) und in Kurzübersetzung. So können Sie eine interpretierende Übersetzung beurteilen.

Gricesche Maximen

1. Maxim of Quantity/ Quantität
1.1 Make your contribution as informative as required (for the current purposes of the exchange). Mache deinen Beitrag so informativ wie nötig.
1.2 Do not make your contribution more informative than is required. Mache deinen Beitrag nicht informativer als nötig.

2. Maxim of Quality/ Qualität
2.1 Do not say what you believe to be false. Sag nichts, was du für falsch hältst.
2.2 Do not say that for which you lack adequate evidence. Sag nichts, wofür du keine gute Rechtfertigung hast.

3. Maxim of Relevance/ Relevanz
3.1 Be relevant (i.e., say things related to the current topic of the conversation). Sei relevant! Sag nur, was zum gegenwärtigen Thema gehört.

4. Maxim of Manner/ Art und Weise
4.1 Avoid obscurity of expression. Vermeide unklare Ausdrucksweise.
4.2 Avoid ambiguity. Vermeide Mehrdeutigkeit.
4.3 Be brief (avoid unnecessary prolixity). Fasse dich kurz (ohne Umschweife).
4.4 Be orderly. Sprich geordnet.

Die kommunikativen Maximen sind nicht normativ gedacht. Sie sind regulierende Prinzipien, nach denen Kommunikation funktioniert. Den Griceschen Katalog kann man als Grundstock des kommunikativen Handelns ansehen, so wie es sich in der Evolution entwickelt hat. Somit wären die Maximen eher als sprachunabhängig oder universal zu verstehen. Sprecher verlassen sich auf die Maximen, so weit sie davon ausgehen, dass auch Hörer sie beherzigen. Hörer verlassen sich auf die Maximen, so weit sie davon ausgehen, dass Sprecher sie beherzigen. Beide haben das größte Interesse hieran. Es ist die Struktur des gemeinsamen Wissens.

Immer vorausgesetzt

Darum ist auch die Redeweise windschief, man könne gegen die Maximen verstoßen. Als Rezipient gehen wir – außer vielleicht bei der Wahrhaftigkeit – stillschweigend davon aus, dass der Sprecher sich daran hält. Spricht jemand für uns zu ausführlich, nehmen wir an, er halte das für nötig oder sei eben geschwätzig. Aus der Reihenfolge, in der etwas gesagt wird, schließen wir auf den zeitlichen Verlauf. Wer das vermeiden will, muss Vorsorge treffen. Wenn A sich nicht klar ausdrückt, unterstellen wir ihm Gründe. Glauben Sie aber nicht, es gebe einen externen Maßstab der Klarheit!

Nutzung der Maximen

Wenn ein Sprecher sich auf die Maxime der Quantität verlässt, geht er davon aus, dass der Hörer auf dem Common Ground und dem Zustand des gemeinsamen Wissens das Richtige inferiert. Der Hörer geht im Übrigen davon aus, dass der Sprecher (nach dem Kooperationsprinzip) das Bestmögliche tut.

Antwortet A auf die Frage (1) mit (2), geht B davon aus, dass er es nicht spezifischer weiß oder glaubt, die Antwort genüge für B.

(1) Wo ist eigentlich Fritz?

(2) In Amerika.

Natürlich kann A sich irren, das Ganze kann weitergehen. Etwa so:

(3) Ja, aber wo genau?

Das ist normale Kommunikation.

Was klar heißt, ist immer davon abhängig, was man erreichen will. In einem Einführungsbuch etwa sollte alles klar und verständlich formuliert sein. Ja – aber was? Wenn wir erreichen wollen, dass Sie selber nachdenken, sich Ihrer eigenen Fähigkeiten und Ressourcen versichern, sich auf sie verlassen sollen, dann werden wir nicht alles explizieren. Wir werden zum Beispiel eine Frage offen stehen lassen oder wir werden etwa (4) schreiben, ohne dass wir sagen, dass ...

(4) Hier bleibt natürlich immer die Frage, wie B das anpasst.

Anpassung der Deutung

Der Hörer merkt und der Sprecher will, dass der Hörer merkt, dass eine vordergründige Deutung nicht kooperativ wäre, weil dem irgendetwas im angesetzten gemeinsamen Wissen oder Common Ground entgegensteht. Entsprechend wird er die Deutung anpassen.

(5) Ich verspreche dir, das wirst du bereuen.

Irgendwie wäre das widersprüchlich. Denn versprechen tut man etwas, was für B gut wäre. Wieso sollte B ein solches Versprechen bereuen? Da bleibt natürlich die Frage, wie B das anpasst, um zu einer konsistenten Deutung zu kommen und wie A davon ausgehen kann, dass das klappt.

redundant? inkonsistent?

Etwas dramatischer ist folgende Äußerung des Komikers Helge Schneider (zitiert bei Meibauer 1995):

(6) Den größten Erfolg hatten wir in Belgien, ebenso allerdings auch in Luxemburg und besonders in den Niederlanden, vor allem in Belgien und in den gesamten Benelux-Staaten. In erster Linie aber in Holland und in den Niederlanden.

Dieses Textstückchen würde in unterschiedlicher Weise gegen die Quantitätsmaxime verstoßen (Widersprüche, offene und implizite Wiederholung über Implikate und Synonyme), sodass wir es nicht ernst nehmen können. Damit ist noch nicht klar, wie wir es genau zu verstehen haben. Das bleibt offen. Unser Verständnis genügt aber so weit, dass wir vielleicht lachen ob so viel Schusseligkeit oder weil etwas vorgeführt wird, vielleicht sogar, dass auf etwas oder jemanden angespielt wird. Auf keinen Fall würden Schneider des Widerspruchs zeihen – wenigstens wenn wir den Witz verstehen.

Fehlgeleitet wär die Annahme, unser gemeinsames Wissen sei auf jeder Stufe koordiniert. Der Schwätzer täuscht sich systematisch im gemeinsamen Wissen. Wir denken uns schon, dass er für relevant hält, was er erzählt. Aber uns interessiert es nicht. Wir nehmen es hin. Es wäre eine Art systematisches Missverständnis: Wir denken, A hält das für interessant und denkt, wir auch. Aber vielleicht weiß er auch, dass es uns nicht interessiert. Wer weiß, wer weiß.

Bewusst zu viel?

Auch die Maximen der Art und Weise werden zum Verstehen herangezogen. In der Anaphorik kommt es darauf an, wie Nominalphrasen wieder aufgenommen werden. Von der Nullanapher über die pronominale bis hin zur Wiederholung nimmt die koreferente Deutungsmöglichkeit ab. In (7) ist Koreferenz obligatorisch, in (8) naheliegend, in (9) unwahrscheinlich. Das hat auch mit Quantität zu tun.

(7) Anna glaubt, etwas falsch verstanden zu haben.
(8) Anna glaubt, dass sie etwas falsch verstanden hat.
(9) Anna glaubt, dass Anna etwas falsch verstanden hat.

Es gibt aber auch Probleme mit dem Status der Manner-Maxime. Warum etwa sollte ich Unklarheit und Mehrdeutigkeit vermeiden? Vor allem, wenn ich es mit Absicht tue. Weil ich damit täusche?

6.3 Kritik und Erweiterungen

Die Formulierungen von Grice werden als verhältnismäßig locker angesehen. Kritisch kann man durchaus werten, dass die Maximen nicht trennscharf sind. Das mag damit zusammenhängen, dass Grice sie nach Kantschem Muster gestrickt hat.

Reziproke Unterstellung

Schon das Grundprinzip könnte etwas überinformativ formuliert sein. Eine gewisse Überlastung können wir sehen in: „der akzeptierte Zweck“ und „an der Stelle“.

Sie werfen Fragen auf wie: Wie weit reicht die Stelle? Sehen die Partner den gleichen Zweck? Sollten sie das vorher verabredet haben? Vielleicht ist es so gedacht, dass der Sprecher davon ausgeht, es gebe diesen Zweck. Alles Weitere klärt sich in der Kommunikation.

Wenn ich jemanden auf der Straße nach der Uhrzeit frage, haben wir wohl erst mal kein gemeinsames Ziel. Ich will wissen, wie viel Uhr es ist, und mein Partner wird von vornherein erst mal gar keine Ziele einbringen. Er wird aber normalerweise erfassen, was ich will. Und wenn er sich auf die Kommunikation einlässt, wird dieses Ziel nicht unser gemeinsames. Das gemeinsame Ziel liegt auch hier auf einer anderen Ebene. Wir wollen diese angefangene Kommunikation vernünftig abschließen, wollen uns verstehen. Das ergibt sich sozusagen trivial aus der Tatsache, dass wir die Kommunikation eingehen. Die Maximen formulieren partiell ein idealisiertes Modell, nämlich dass unser gemeinsames Wissen koordiniert ist. In natura muss das nicht der Fall ein, etwa wenn ich mir eine zeitlang das Geschwätz eines Partners anhöre, ohne dass er das versteht oder merkt.

Was heißt kurz?

Ausführlich wurden die Maximen der Art und Weise kritisiert. Dabei sind einige Pragmatiker aber in die Beschreibungsfalle geraten, indem sie wie Stillehren ein Maß der Kürze oder ein Maß der Klarheit vorausgesetzt haben. Tatsächlich entscheidend ist aber das gemeinsame Wissen. Da können die Partner natürlich auch einen default, einen Standard setzen, in der Regel wird der aber kommunikativ up to date und vielleicht nicht identisch sein. Vor allem werden sie nicht unbedingt – wie jene Pragmatiker – verschiedene Formulierungen vergleichen. Sie wüssten ja nicht welche. Dennoch scheint etwa bei der Höflichkeit so etwas eine Rolle zu spielen.

Umgang mit Stil

Bei der Art und Weise geht es nicht nur um Kürze und Klarheit, auch die Art und der Stil können implikatieren. Mit einer Maxime wie (10) können wir etwa (11) und (12) besser verstehen:

(10) Sprich normal und unauffällig.

(11) Vor dem Orakel von Delphi erkannte der Mann den Mann.

(12) Hier stimmen die finiten Verben in beiden Fällen oberflächlich mit dem Pluralpronomen überein (Levinson 1994, 71).

Wenn A so geschwollen wie in (12) daherredet, dann wird er seine Gründe haben. Die Maxime liefert die Basis für Stilwillen und das Verstehen stilistischer Eskapaden. Der Partner wird sich fragen: Warum sagt die das so X-ig? So weitschweifig, so umständlich, so technisch. Und er hat die Möglichkeiten:

Mit Absicht:	Ohne Absicht:
A will mich auf etwas aufmerksam machen. A will etwas vorführen. A will einen Witz, eine Anspielung machen.	A kann schlecht Deutsch. A ist verwirrt. A ist ein Umstandskrämer.

Kritik der Maximen

Die Kritik (zum Beispiel Sadock 1991) hat bemerkt, dass die einzelnen Maximen nicht trennscharf oder disjunkt formuliert sind.

- Wie kann man relevant und uninformativ sein?
- Wie kann man informativ und prolix zugleich sein?
- Wenn man dunkel redet, kann man dann informativ sein?

Vieles könnte man mit der Relevanzmaxime erklären, was man mit der Quantitätsmaxime erklärt. (Dies wurde auch in der Relevanztheorie von Sperber/ Wilson 1986 versucht.) Die Stärke der Maximen beruht vielleicht darauf, dass man zu viel mit ihnen erklären kann.

Eine Erweiterung aber ist notwendig: Grice hat die Maximen vor allem für assertive Akte formuliert. Wir müssen sie erweitern, damit sie für alle anderen auch gelten – wie es gewiss in Grice's Absicht lag – das Kooperationsprinzip gilt ja für alle menschlichen Handlungen.

Alternativen

Knackig hat Horn (1984) seine Maximen formuliert, die alles abdecken könnten, auch wenn die Qualitätsmaxime nicht enthalten ist:

(13) Sag so viel du kannst.

Dies wieder eingeschränkt über die Relevanz:

(14) Sag nur so viel du musst.

Die beiden Maximen sind immer aufeinander bezogen. Zwischen beiden muss der Sprecher abwägen. Was daran besonders gelungen scheint, ist, dass man hier nicht mehr auf die Idee kommt, es ginge um Gutmenschentum. Vielmehr liegt das übergeordnete Prinzip jedem rationalen Handeln zugrunde: Es ist das principle of least effort, das überall in der Sprache wirkt. So sind wir Menschen eben.

Jede Formulierung von Maximen muss sich bewähren in der Anwendung auf reale Kommunikation und in der Erklärung tatsächlicher Verständnisse. Und nach dem methodischen Prinzip des Occamschen Rasiermessers (nicht über Gebühr vervielfachen!) sind die kürzesten und wenigsten am besten. Auch Levinson (2000, 74, 114) hat alles auf drei principles gebracht. Die wichtigsten sind:

(15) Q-principle
Do not provide a statement that is informationally weaker than your knowledge of the world allows, unless ...

(16) I-principle
Say as little as necessary.

Hörer-Korollare?

In der Rezeption wurde öfter reklamiert, die Maximen seien sprecherorientiert und bräuchten ein Hörer-Korollar. So auch Levinson:

(16a) Amplify the informational content of the speaker's utterance, by finding the most specific interpretation ...

Sehen wir einmal davon ab, dass diese Hörermaxime unglücklich formuliert ist, weil sie so nicht mit der Sprechermaxime korrespondiert, bleibt festzustellen: Solche Korollare sind überflüssig. Alle Maximen sind einzubetten in Formulierungen nach dem gemeinsamen Wissen. Die Maxime der Informativität haben wir so expliziert: Sei informativ, weil dein Partner davon ausgeht, dass du informativ bist, weil du davon ausgehst, dass dein Partner davon ausgeht, dass du informativ bist. Hörerkorollare sind trivial und schon gemacht. Sprecher handeln so im Vertrauen, verstanden zu werden. Nach der Struktur des gemeinsamen Wissens gehen auch Hörer davon aus.

Höflichkeit

Manche haben geglaubt, den Satz der Maximen anders erweitern zu müssen. Ein Aspekt ist Höflichkeit mit der sog. Maxime:

(17) Be polite.

Das klingt eher wie ein kommunikationshygienischer Appell. Seine Befolgung würde ziemlich oft zum Misslingen der Kommunikation führen, zum Beispiel in militärischen Aktionen. Außerdem dürfte die Befolgung häufig konfligieren mit dem Kosten-Nutzen-Prinzip, das wir in der Kommunikation befolgen und das so schön mit (13) und (14) formuliert ist. Also: Wer mehr sagt, als zu sagen scheint, der hat Gründe. Je nachdem wird seine Äußerung höflich gemeint und als höflich verstanden. Informativitäts- oder Relevanzmaxime genügen. Den Rest erledigen wir über Kontext und Konventionen.

Während die Griceschen Maximen sozusagen immer im Common Ground stehen, sind die Deutungshilfen für höfliches Reden, für Übertreibungen, Untertreibungen und Ironie stets spezieller.

Die Deutung als höfliche oder sanfte Formulierung setzt eine alternative Formulierung voraus und eben die Annahme A formuliere sanft. Nur dann kann B die Äußerung (17) deuten als sanfte Behauptung, der Partner habe Unrecht gehabt.

(17) Das war ein Missverständnis.

Status der Wahrhaftigkeitsmaxime

Tatsächlich einen speziellen Status hat die Wahrhaftigkeitsmaxime. Darum wird sie auch bei vielen Reformulierungen der Maximen übergangen. Sie ist den anderen nebengeordnet. Wir gehen vielleicht in der Regel davon aus, dass wahrhaftig gesprochen wird, wir können aber auch skeptisch sein und unsere Vorbehalte hegen. Auf jeden Fall sind hier Verstöße möglich. Die Maxime dient nicht als Rechengrundlage, ein Scheinverstoß führt nicht wie bei den übrigen zu einer Revision des Sinnes. Selbst Ironie rekurriert nicht auf sie. Denn der Ironiker weiß, dass sein Partner erkennt, dass er das Wörtliche nicht für sagenswert – weil offenkundig falsch – hält. Hier genügt als Rechenbasis die Quantitätsmaxime. Ständige Verstöße gegen die Wahrhaftigkeitsmaxime würden die Kommunikation zerstören.

Die Wahrhaftigkeitsmaxime ist normativ und könnte als Basis einer kommunikativen Ethik dienen und in diesem Sinn vielleicht die übrigen dominieren. Denn mit Unwahrhaftigkeit kann man alle anderen Maximen für sich ausnützen. Über alle kann man täuschen.

6.4 Exempel: Lügen

Lügen heißt behaupten

Lügen ist eine Art illokutionärer Akt: Man lügt, indem man etwas behauptet. A kann also lügen, indem er behauptet, dass X. In einer Prototypen-Untersuchung haben Coleman/ Kay (1990) untersucht, was Sprecher unter Lügen verstehen. Für den Prototyp der Lüge setzen sie folgende Beschreibung an (hier leicht modifiziert):

(1) A äußert Y.

(2) A behauptet, dass X, indem er Y äußert.

(3) A glaubt, es sei nicht wahr, dass X.

(4) A möchte B mit dem Äußern von Y täuschen.

Und tatsächlich werten quasi 100 % ihrer Probanden dies als Lüge, etwa in der folgenden Geschichte:

> Moe hat den Kuchen aufgegessen, den Juliet bei einer Einladung servieren wollte. Juliet fragt Moe: „Hast du den Kuchen gegessen?" Moe antwortet: „Nein."

Hingegen bekam die folgende Geschichte fast keine Wertung:

> Dick, John und H. spielen Golf. H. tritt auf Dicks Ball. Als Dick sieht, dass sein Ball in den Rasen gedrückt ist, fragt er: „John, bist du auf meinen Ball getreten?" „Nein", antwortet John, „es war H."

In weiteren Geschichten werden Komponenten der prototypischen Bestimmungen weggelassen und überprüft und somit gezeigt, dass sowohl sprecherbezogen als auch situationsbezogen Varianten existieren. Kinder etwa haben eine naivere Auffassung der Lüge: Wer nicht die Wahrheit sagt, lügt. Dieser Sprachgebrauch ist verbreitet. Sogar Linguisten reden öfter – der Kürze halber? – von der Wahrheit von X in diesem Zusammenhang. In der Versuchsanordnung war das schon besser gelöst. Vor allem gab es den einschlägigen Testfall:

Varianten

> Am Morgen soll Katerina einen Mathe-Test schreiben, auf den sie sich nicht vorbereitet hat. Sie will nicht zur Schule und sagt zu ihrer Mutter: „Ich bin krank". Die Mutter misst die Temperatur und tatsächlich ist K. krank. Es stellt sich heraus, dass sie Masern hat.

Bei dieser Geschichte sind die Probanden schon unsicherer. Es ist Lügen mit der Wahrheit, bei dem die beiden Konzepte konfligieren.
Insgesamt führte die Untersuchung auch zu einer Gewichtung oder Reihung der Komponenten: (3) > (4) > (2).

Ein wichtiger zusätzlicher Aspekt ist: Gelingt die Lüge? Hat also A den B belogen, wie wir im Fall der gelungenen Lüge sagen. Während Lügen illokutionär ist, kommt beim perlokutionären Belügen der Partner ins Spiel. Wenn B schon glaubt, dass X, werden wir kaum sagen, A habe ihn getäuscht. Das Gelingen der Täuschung setzt voraus, dass B vorher nicht geglaubt hat, dass X. Perlokutionär ist auch jemanden täuschen. Ich habe jemanden getäuscht, nur wenn der Akt gelungen ist. Täuschen wird durch Lügen erzeugt, ist aber allgemeiner, kann auch anders erzeugt sein. Bekanntlich kann man täuschen durch Vortäuschung falscher Tatsachen – aus Krimis geläufig.

Prototypisch

Nicht alle Lügen, auch nicht alle prototypischen, sind mit (1)-(4) erfasst. Es gibt beispielsweise schwache Lügen, bei denen statt (3) gilt:
(3a) A glaubt weder, dass X, noch, dass nicht X.

Typen von Lügen

Weitere Varianten des Lügens ergeben sich vor allem hierdurch: Mit allem, was man behaupten kann, kann man auch lügen. Darum gibt es so viele Arten zu lügen, etwa: offenkundige Lüge (die deshalb nicht als Lüge erkannt wird), lügen über Implikaturen, ausweichen (= zu wenig sagen), Großtönerei und Angeberei, unklare Rede, euphemistische Rede, edle Lüge (weiße Lüge oder rettende Lüge), Spinnereien, Zweideutigkeiten, rätselhaftes Sprechen.

Damit steht auch zur Debatte, was unter behaupten hier zu verstehen ist. Gehen wir einmal von Folgendem aus:

(5) A behauptet, dass X.
A äußert einen Aussagesatz Y mit der Proposition X.
Mit der Äußerung von Y erklärt sie: X ist wahr.
Mit der Äußerung von Y möchte sie B glauben machen, dass sie X glaubt.

Behaupten

Bei dieser Analyse des Behauptens fragt sich, was mit „für wahr erklären" gemeint ist. Geht es nur um direkt Behauptetes, das sozusagen aus Y abgeleitet werden kann, oder ist auch das Vorausgesetzte, das indirekt für wahr Erklärte enthalten, also die Präsuppositionen und Implikaturen. Wir entscheiden uns für den letzten Sprachgebrauch und sprechen hier von indirekter oder stiller Behauptung. Das ist bequem, weil wir die Lügendefinition dann ohne Umschweife anwenden können. Wir fassen damit sozusagen die indirekte oder verdeckte Lüge, für die wir hier Beispiele geben.

Lüge per Präsupposition	Lüge per Implikatur
A behauptet im Prozess: (6) Der Soldat hat die Dienstpflicht verletzt. A glaubt aber, es gebe keine Dienstpflicht. Er hat indirekt gelogen (selbst wenn es eine gibt). Natürlich könnte er auch – noch zusätzlich – direkt oder offen gelogen haben.	A behauptet im Prozess: (7) Einige Offiziere haben unterschrieben. A glaubt aber, dass alle Offiziere unterschrieben haben. Er hat indirekt gelogen.

Eine moralische Frage: Was ist schlimmer, die direkte glatte oder die verdeckte Lüge? Bei der verdeckten Lüge kann leichter nachgebessert werden, weil das Vorausgesetzte ja nicht ausgesprochen wurde. Das greift salvierend aber nur, wenn A sich geirrt hat, wenn er sozusagen selbst dem Impliziten zum Opfer gefallen ist. Ansonsten heilt die Korrektur die Lüge nicht. Die verdeckte Lüge kann man als infamer ansehen als die offene, weil ja das Implizite sozusagen nicht im Fokus steht, uns leichter untergejubelt werden kann. Die offene Behauptung reizt eher zur Überprüfung und zum Widerspruch. Andererseits scheint die glatte Lüge gravierender, weil sie auf das direkt Relevante geht, das zur Debatte steht. Was hätten Sie lieber?

6.5 Fazit

Fazit

Eine Grundlage der Pragmatik liefern Prinzipien, denen wir alle in der Kommunikation folgen. Diese Prinzipien leiten unser Verstehen, nach diesen Prinzipien passen wir unser Verständnis an. Die Anwendung der Prinzipien in der Analyse schafft der Pragmatik eine methodische Basis. Anzahl und Formulierung der Prinzipien sind noch immer in der Diskussion.

6.6 Aufgaben und Vertiefung

Aufgaben

1. Hier folgt ein Auszug aus einer Geschichte. Der Autor spielt mit den Vorannahmen der Beteiligten. Schreiben Sie in eine Kommentarspalte, wovon die Beteiligten jeweils unterschiedlich ausgehen.

Carlo Manzoni: Der Hausschlüssel
Herr Veneranda blieb vor einer Haustür stehen, betrachtete die dunklen geschlossenen Fensterläden und pfiff mehrmals, als wolle er jemanden rufen. An einem Fenster des dritten Stockes erschien ein Herr.
„Haben Sie keinen Schlüssel", schrie der Herr, um sich verständlich zu machen.
„Nein, ich habe keinen Schlüssel", schrie Herr Veneranda.
„Ist die Haustür zugeschlossen?", schrie der Herr am Fenster wieder.
„Ja, sie ist zu", antwortete Herr Veneranda. „Dann werfe ich Ihnen den Schlüssel hinunter."
„Wozu?", fragte Herr Veneranda.
„Um die Haustür aufzuschließen", erwiderte der Herr am Fenster.
„Also gut", schrie Herr Veneranda. „Wenn Sie wollen, dass ich die Haustür aufschließe, dann werfen Sie mir nur den Schlüssel herunter."
„Aber müssen Sie denn nicht herein?"
„Ich? Nein. Wozu auch?"
„Wohnen Sie denn nicht hier?", fragte der Herr am Fenster, der nicht mehr recht mitkam.
„Ich? Nein", schrie Herr Veneranda zurück, „Und warum wollen Sie dann den Schlüssel?"
„Wenn Sie wollen, dass ich die Tür aufschließe, muss ich sie doch mit dem Schlüssel aufschließen. Glauben Sie vielleicht, ich könnte es mit einer Pfeife?"

2. In Levinson (1994, 107) finden Sie als Beispiel für eine Implikatur:
A: (zu Vorübergehendem): Mir ist gerade das Benzin ausgegangen.
B: Oh, dort um die Ecke ist eine Garage.
Es heißt dann, A verstehe dies als Hinweis, dass er dort Benzin bekommen könnte. Außerdem gehe er davon aus, dass B nicht davon ausgeht, die Garage sei geschlossen oder das Benzin ausverkauft.
Was würden Sie verstehen? Und warum? Erklären Sie.

3. Zu Zeiten als Arbeitszeugnisse noch nicht weitgehend standardisiert waren, wurde mit den folgenden Aussagen nur eine normale Arbeitsleistung bestätigt, wenngleich alles positiv klingt. Die Deutung kam durch Implikatur zustande. Ermitteln Sie:

- An welchen Stellen finden sich Ausdrücke aus Skalen.
- Welche Möglichkeiten drücken eine bessere Bewertung aus?
- Wie viele Grade erkennen Sie jeweils nach oben.

X hat die ihr übertragenen Aufgaben stets zu unserer vollen Zufriedenheit erfüllt.
X hat die Arbeiten mit großer Sorgfalt erledigt.
X hat den Anforderungen meist entsprochen.
Wir waren mit den Leistungen sehr zufrieden.

4. War unsere Aufgabe 2 unterinformativ formuliert? Wenn wir gesagt hätten – was Sie wissen müssten –, dass Levinson 1994 (schlecht) übersetzt ist, hätten wir Ihnen und uns die Pointe versaut?

Vertiefung

Eine konzise Diskussion der Maximen bietet Meibauer 1997. Über Lügen mit Implikaturen Meibauer 2005.

7 Verstehen, was gemeint ist

7.0 WarmUp und Lernziele

WarmUp

Übersetzen Sie zum Aufwärmen die folgenden Sätze ins Deutsche.

(1) 12 hours teaching a week means that it is no holiday.
(2) A man came to the phone and said „Bratislava"; I didn't know whether that meant I'd got a Bratislava number, or that you'd gone to Bratislava.
(3) I hope you will meet everyone, as I know how much that means to you.
(4) I meant to pop the enclosed in the chest of drawers to thank you for its removal.
(5) I know, that she meant it that way.
(6) In saying „you could have the flat if we are away", I meant that the owner is happy for you two to be here.
(7) She is not a vicious cat, quite the contrary, but claws are meant for holding on.
(8) When you said you had been meaning to ask me for some time, did you mean over the five lonely years to date of my grass widowhood?

Ziele

In diesem Modul geht es darum,

- besser zu verstehen, was gemeint ist mit: was der Sprecher meint,
- ob die Unterscheidung von explizit und implizit haltbar ist,
- in welchem Sinn Verstehen immer in der Schwebe bleibt,
- welche Mittel es gibt und welche wir anwenden um besser zu verstehen.

7.1 Sagen und meinen

meaning

Anglophone Sprachphilosophen und Pragmatiker haben sich lange damit herumgeschlagen, eine terminologische Unterscheidung zu etablieren, die durch die vage Verwendung des Verbs *to mean* verdeckt wird. Die Unterscheidung zeigt sich etwa in der Redeweise „the speaker means Y by uttering X" und „the expression X means Z". Im Deutschen scheint uns dieses Problem weniger zu bewegen, weil wir leicht lexematisch differenzieren über *meinen* und *bedeuten*. Der Zusammenhang der beiden ist aber weder hier noch da ganz aufgeklärt.

Als Grundlage und Grundfrage der Pragmatik wird meist die Frage angesehen: Wie kommt man vom Gesagten zum Gemeinten, oder in unserer Redeweise von der Bedeutung zum Sinn? Parallel dazu nahm man an, es gebe das Explizite (oder explizit Gesagte) und das Implizite. Für das Explizite sei die Semantik zuständig, für das Implizite die Pragmatik. (Wer bestimmt, was Semantik ist und wofür zuständig? Wer darf ihr den Kontext stehlen?)

Ein Konstrukt?

Diese Konstruktion wurde praktisch nicht durchgehalten, sie hält auch einer Überprüfung nicht stand. Sie entspricht jedenfalls nicht dem normalen Sprachgebrauch und ist auch als theoretisches Konstrukt nicht gut begründbar. Weder, was gesagt wird, ist klar oder unstrittig noch, was gemeint ist. Eine Rechnung mit zwei Teilbekannten.

Zum Sprachgebrauch nehmen wir einen pragmatischen Klassiker. Wenn jemand (1) äußere, dann implikatiere er, dass nicht alle Offiziere unterschrieben haben.

(1) Einige Offiziere haben unterschrieben.

Es wäre nun aber – jedenfalls so weit ich Deutsch kann – absurd zu behaupten, das sei mit der Äußerung nicht gesagt worden. Der deutsche Sprachgebrauch zu *sagen* und *meinen* wäre eine Untersuchung wert. Als Basis der gewollten reinlichen Unterscheidung wird er nicht taugen.

Konvention

Die theoretische Konstruktion geht so weiter: Das Explizite ist das, was die Ausdrücke konventionell bedeuten. Das macht stutzig, weil vieles Implikatierte und Präsupponierte auch konventionell ist. Was aber heißt konventionell? Es heißt: durch eine Konvention gegeben oder abgesichert. Eine solche Konvention ist wie folgt definiert:

> K ist eine Konvention für das X-en in einer Gruppe genau dann, wenn
> (i) gemeinsames Wissen der Mitglieder besteht, dass einer X tut, der Y tut,
> (ii) Y tun als X-en zählt, weil die Mitglieder dies glauben. (Bach/ Harnish 1979:109)

Die Konventionen bestimmen also, was im Sprechen überhaupt möglich ist. Das sprechende Individuum kann keine eigenen Konventionen erfinden und durchsetzen. Es wird dann einfach nicht verstanden. Nichts rechtfertigt Konventionen außer dem gemeinsamen Wissen der Gruppenmitglieder (Lewis 1975: 59). Es sind soziale Institutionen. Konventionen sind nicht vorgegeben und wir sind nicht so sicher, dass alle Sprecher in allen Fällen die exakt gleiche einschlägige Konvention befolgen. Konventionen entstehen, werden angepasst und angeglichen in Kommunikation. Sie sind kein fester Urgrund, der sicherstellt, was gesagt wurde.

Präzedenz

Vor allem liegen Konventionen zwei andere Verfahren zugrunde, nämlich Präzedenz und Analogie. Das hat schon Lewis herausgearbeitet. Wenn mein Partner etwas tut, wofür mir noch keine Konvention bekannt ist, und ich lege mir eine Deutung in der Situation zurecht und diese Deutung bewährt sich, dann werde ich beim nächsten Mal – in analoger Situation – dies als Präzedenz für meine Deutung verwenden. Wenn ich und andere (!) dies oft genug tun, entsteht eine Konvention. Man beachte, dass in dieser Darstellung Luft und Spielraum gelassen ist. Denn was heißt eine analoge Situation? Auch dies setzt wieder Deutung und letztlich Bewährung voraus.

Explizit und implizit

Und weiter: Die Behauptung, irgendetwas sei explizit gesagt, zieht die Verpflichtung nach sich zu sagen was. Das verdeutlicht schon, dass mit X und Y in der Definition zwei Variablen vorkommen. Was also ist mit (2) explizit gesagt?

(2) Die Tür ist offen.

Explizit gesagt ist nur (2). Alles Andere muss über Paraphrasen erarbeitet werden und nimmt die Last auf sich, dass damit das Gleiche gesagt sei. Aber sicher sind (3), (4) und (5) keine Paraphrasen von (2).

(3) Die Tür ist nicht abgeschlossen.

(4) Die Tür ist nur angelehnt.

(5) Die Tür steht weit offen.

Landläufig wird zwar so geredet, aber letztlich stellt sich bei allen Paraphrasierungsversuchen heraus, dass mit ihnen etwas Anderes gesagt ist.

Was ist explizit?

Lehrreich ist die Überlegung, wie denn etwas Explizites überhaupt zustande kommen sollte. Ist nicht explizit nur der Wortlaut? Die Bedeutung wie der Sinn sind immer implizit. Sie gehen erst auf dem Boden des Wissen auf, und Wissen ist in aller Regel auch implizit. Wann immer Sinn expliziert wird, gibt es nur weiteres Gesagtes.

Vielleicht hilft, von einer Skala der Explizitheit auszugehen. An deren einem Ende steht das Explizitere, das sozusagen weniger Spielraum für Deutungen lässt, am anderen Ende das, was mit dem Wortlaut schwer in Zusammenhang zu bringen ist.

7. 2 Verstehen

Verstehen kein Akt

Verstehen ist Sinn und Zeck der Kommunikation. Der Sprecher will, dass er verstanden wird, und der Hörer will den Sprecher verstehen. Wie funktioniert das? Eigentlich bedarf es zum Verstehen keiner Anstrengung. Es geht leicht, automatisch und sehr schnell. Es passiert uns sozusagen. Wir können es nicht einmal vermeiden. Anstrengend wird es erst, wenn wir nicht verstehen. Dann müssen wir etwas tun. Wir müssen zum Beispiel das Interpretieren anfangen. Das Verstehen ist kein Akt. Es kann zwar kreativ sein und von Mensch zu Mensch verschieden. Aber wir tun nicht irgendwas bewusst oder mit Absicht, obwohl wir manchmal so reden:

(6) Versteh mich bitte richtig, ...

Dies aber ist nur eine Floskel, die eine Nachbesserung einleitet und vielleicht ein anderes Verständnis induziert.

Gängig ist die Idee, Kommunikation aufzuziehen und zu betrachten von der Sprecherseite her. Da kommt es dann vor allem darauf an, was ein Sprecher gemeint habe, vielleicht sogar, was seine Absicht gewesen sei. Das legt das Bild nahe, es ginge um das, was er im Kopf hatte. Dieses Bild trügt. Was ein Sprecher gemeint hat, in diesem Sinn, kann man nie herausbekommen – es sei denn er sagt es. Und dann beginnt das Spiel von Neuem.

Autopoiese des Sinns

Wesentlicher ist das Verstehen, die Seite des Rezipienten, weshalb der Sprecher seine Beiträge stets entsprechend konzipiert und weshalb der Analysierende die Reaktionen des Rezipienten auch zum Definiens des Verständnisses machen muss. Den Sinn schaffen die Beteiligten in Kommunikation. Pragmatiker bleiben unbeteiligte – und doch beteiligte – Beobachter. Auch sie schaffen Sinn, vielleicht nur partiell den der Beteiligten.

Phylogenetisch wie ontogenetisch fängt Kommunikation an mit dem Verstehen. Wir wollen verstehen, was gemeint war. Wir bekommen das Gemeinte aber nur über das Verstandene. Es gibt nichts Unabhängiges außerhalb, an dem wir unser Verständnis abgleichen könnten. Je nach Fortsetzung der Kommunikation – der verbalen und der nicht-verbalen – können wir annehmen, dass wir uns verstanden haben oder nicht oder dass wir uns gar missverstanden haben. So bleibt alles in der Schwebe.

Verstehenstests

Aus diesen Gründen ist es auch so schwierig, Verstehen abzutesten. Ein gängiges Testformat führt über Implikationen und Paraphrasen. Auch Tests zur Textverständlichkeit setzen das Verstehen nur voraus. Sie testen ab, wie schnell jemand etwas versteht, indem er in bestimmter Weise reagiert, oder aber, wie viel er behalten hat – was bestimmt eine andere Frage ist.

Wie erkennen wir nun, dass etwas anders gemeint war, witzig oder nicht ernsthaft?

Stilblüten
„Er zerschlug einen Bierkrug auf dem Kopf des Streithammels, der ganz voll war."
Viele Stilblüten haben mit Anaphorik und unklarer Referenz, unklaren Verweisen zu tun. Charakteristisch ist: Wir verstehen, was der Sprecher gemeint hat, halten uns aber unkooperativ an das, was er gesagt hat.

Kalauer
„Hey, Moses, wie hast du denn das Meer da geteilt? – Ganz einfach, hab ne Meerwegflasche reingeworfen."
Kalauer sind wortspielerisch: Eine Mehrdeutigkeit wird überraschend aufgedeckt – für den, der versteht.

Anspielungen
„Bei so vielen Frauen war Pit schnell Hähnchen im Korb."
Anspielungen verwenden Anker und deren Abwandlung. Hier ist angespielt auf das Idiom „Hahn im Korb", das selbst schon mit der sexuellen Assoziation spielt. Die Abwandlung zu Hähnchen stellt Pit nicht gerade vorteilhaft vor.

Flunkern
Ein chinesischer Student beruhigt seine Dozentin, er werde die Prüfung schon bestehen, weil er sein Handy dabei habe. Die Dozentin ist entsetzt und klärt ihn auf, dass dies zum Ausschluss führe. Der Student sagt, bei ihnen in China mache man das so.

Re-Konstruktion

Pragmatiker – wie alle Interpreten – konstruieren ein Verständnis, öfter sagen sie, sie rekonstruieren es, und setzen dabei eines voraus: das des Kommunizierenden (das sie gar nicht kennen) oder ein eigenes (das sie konstruieren). Die pragmatische Konstruktion wie die Rekonstruktion hat ihren Sinn darin, dass sie sozusagen ein Verständnis und dessen Entstehung offenlegt, indem sie es beschreibt, mit wissenschaftlichen Methoden.

Ausgangspunkt ist der Wortlaut plus gemeinsames Wissen plus Common Ground plus allgemeinere Fähigkeiten und Prinzipien.

Eine Grundlage bilden die Griceschen Maximen oder andere. Auf dieser Basis rechnen wir. Der Sprecher nutzt – wenn man so reden will – die Maximen in dem Sinn, dass er davon ausgeht, dass der Hörer die Maximen als Grundlage nutzt, um ihn richtig zu verstehen. Interpretieren heißt im Grunde eine Argumentation vorführen, wie der Hörer zu einer Deutung kommen könnte. Dazu verwenden wir sog. Gricesche Räsonnements. Wir führen eines vor zur Verwendung des deutschen Präsens.

Bedeutung des Präsens

Es konkurrieren drei Annahmen zur Grammatik des Präsens:

- Das Präsens sei vage, mit ihm könne Gegenwart, Zukunft oder Vergangenheit gemeint sein.
- Das Präsens sei ein offenes Tempus, das in etwa nur Nicht-Vergangenheit anzeige.
- Das Präsens beziehe sich auf die Sprechzeit.

Bei der dritten Annahme muss man zum Beispiel Verwendungen für die Zukunft erklären. Das funktioniert mit einen Räsonnement. Nehmen wir an, ein Sprecher äußere (7):

(7) Ich komme.

Der Hörer könnte so räsonnieren:

1. A hat einen Satz im Präsens geäußert, er bezieht sich damit auf die Sprechzeit.
2. Ich sehe, dass A im Moment nicht kommt und gehe davon aus, dass A das auch weiß.
3. A hält sich an das Kooperationsprinzip.
4. Es gibt keinen Grund anzunehmen, dass A etwas offensichtlich Falsches sagt, von dem wir beide wissen, dass es falsch ist.
5. In der Bedeutung von *komme* sehe ich einen Zukunftsaspekt.
6. So nehme ich an, dass A in Zukunft kommen will.
7. A hat keine Anzeichen gegeben, dass er diese Vermutung ausschließen will.
8. Also bezieht sich A mit seiner Äußerung auf die Zukunft.

Die Form solcher Räsonnements ist nicht standardisiert. Je nach Anspruch können sie unterschiedlich ausführlich sein und in unterschiedlichem Jargon formuliert. Eine entscheidende Frage wird sein, woraus man den Hinweis auf die Zukunft bekommt. Vermutlich wird dieses Räsonnement in den meisten Fällen überflüssig, weil der Kontext das gemeinsame Wissen schon aufgewärmt hat, etwa wenn mit (7) auf die Frage (8) geantwortet wurde.

(8) Kommst du morgen zur Party?

Häufig enthalten präsentische Sätze Zeitangaben, die präzisieren. In jedem Fall ist die entsprechende Implikatur so üblich, dass sie für die Sprecher zur Routine geworden ist und sie mental nicht das Räsonnement vollziehen müssen. Trotzdem behält es für die Interpretation und Erklärung – also für Pragmatiker – seinen Wert. Analog könnte man Verwendungen aus der Vagheit des Präsens erklären.

Indikatoren

7.3 Wörtlich vs. nicht-wörtlich

Angehängt an die Idee, es gebe das Explizite und das Implizite, ist, es gebe wörtliches und nicht-wörtliches, übertragenes Meinen und Verstehen. Dies ist die Übernahme einer Erfahrung und einer Redeweise, die uns gut bekannt ist. Ein Fall sind Idiome. Sie werden definiert über die Idee, dass wir die Gesamtbedeutung von Sätzen aus den Bedeutungen der Teile gewinnen. Eine Art Summierungsverfahren, das auch Frege-Prinzip genannt wird. In Sätzen wie (9) funktioniert dieses Verfahren nicht:

Idiome verstehen

(9) Das passt wie die Faust aufs Auge.

Ein Idiom ist eine mehr oder weniger fest gefügte Formel, die ihre Bedeutung sozusagen eigenständig im Gebrauch gewonnen hat. Strittig bleibt, ob wir die Bedeutung von (9) und den Sinn der Äußerung zuerst aus den Teilen gewinnen und dann übertragen oder ob wir solche Sätze direkt verstehen. Welches Verständnis ist primär? Die Anteile des wörtlichen Verstehens und des idiomatischen Verstehens mögen durchaus unklar und unterschiedlich sein. Auch die Reihenfolge oder Schlussweise steht zur Debatte. Empirische Untersuchungen haben ergeben, dass je nach Idiom und je nach Sprecher die eine oder die andere Verstehensweise bevorzugt wird. Im Beispiel (9) kann man schon erkennen, dass Sprecher durchaus auf die Normalbedeutung rekurrieren. Denn je nach Common Ground meinen manche, es sei gesagt, dass etwas besonders gut passe, andere aber holen hervor, dass es besonders schlecht passe.

Das Problem scheint analog zu den indirekten Sprechakten. Mal verstehen wir beides zugleich, mal müssen wir rekonstruieren. So kommen wir bei formelhafter Bejahung oder Zustimmung mit „Genau", „Alles in Ordnung", „Tutto a posto" erst durch Überlegung drauf, welche Idee dem zugrunde liegt.

Zwiefach verstehen

Das Rechenwerk mit den Griceschen Maximen bringt nicht immer ein eindeutiges Ergebnis. Das gilt besonders für die Metapher, bei der die Anteile von Kontext, Maximen und Konventionalisierung durchaus nicht klar sind. Einerseits kann der Sinn einer kreativen Metapher so nicht berechnet werden. Zum anderen spricht man lange schon von toten Metaphern, die eben konventionalisiert sind und keine Deutungsberechnung erfordern. Das gilt sicherlich für so etwas wie *Wolkenkratzer*. Da wird kaum einer auf die Idee kommen es wörtlich zu nehmen. Wer das erreichen will, muss schon – in einem joke etwa – mehr sagen.

Rechenbasis?

Searle redet in verschiedenen Zusammenhängen so: Im Nicht-Wörtlichen sei es so, dass, was der Sprecher mit der Äußerung meint und was der Satz bedeutet, auseinanderfielen, eine Divergenz zwischen beiden bestehe. Das ist aber immer so – was immer zusammenfallen hier heißen möge. Seine Argumentation läuft stets so: Es wird ein mögliches Verständnis der Äußerung angesetzt, dann wird gezeigt, wie es wäre, wenn ein Gesprächspartner zunächst dieses Verständnis hätte und sich dann überlegen müsste, wie die Äußerung eigentlich zu verstehen sein könnte. Für ein solches Vorgehen hätten wir gern Evidenz. Das Konstrukt darf nicht nur postuliert sein. Was wäre die wörtliche Bedeutung von (10)?

(10) Petrus blaut.

Auch das Verhältnis von Meinen und Sagen wird hier verzerrt dargestellt. Es klingt doch eigenartig, dass man nicht sagt, was man meint. Warum sollte man das tun? Außerdem sind wir im Meinen gar nicht frei. Wir können mit (10) nicht einfach meinen: „Das Wetter ist nicht schön". Obwohl: Es ginge schon, wenn genügend drum herum ist.

Wie kommt es, dass wir gar keine Probleme mit dem Meinen haben? Rätselhaft bliebe auch, wieso wir jemanden verstehen können, der gar nicht sagt, was er meint, etwa weil er fehlerhaft redet.

7. 4 Besser verstehen?

Anpassung der Deutung

In der Praxis – wird man sagen – sollten all unsere Analysen, dazu beitragen, die Kommunikation und das Verstehen zu verbessern. Dazu kann man nun wirklich einige Methoden und Prinzipien aus pragmatischen Analysen gewinnen. Das Augenmerk lag naturgemäß erst mal auf der Sprecherseite. Welche Mittel, welche Maßnahmen ergreifen Sprecher, um ihr Verständnis zu verbessern und zu sichern. Gewöhnlich denkt man sich, man könne Verstehensprobleme lösen, indem man den Partner befragt, was er gemeint hat, oder man könne mit ihm gemeinsam eruieren, was gemeint war. Aber hat er das nicht schon gesagt? Wonach im Einzelnen sollte ich ihn fragen? Einem solchen Verfahren liegt die Idee zu Grunde, dass man ein Verständnis explizieren könne. Nur, auch damit hat man wieder nur Worte, und mehr Worte bedeuten auch, dass es mehr zu verstehen gäbe.

Wenn das Verstehen entscheidendes Kriterium der menschlichen Kommunikation ist, dann wäre es erstaunlich, wenn es nicht kommunikativ behandelt und verhandelt würde.

Am Verständnis arbeiten

Kommunikation führt ja nicht mit einem Schlag zum Erfolg. Verstehen verbessert sich im Verlauf der Kommunikation und wir versuchen Nicht-Verstehen auszuräumen, wenn wir uns dessen überhaupt bewusst werden.

Im dynamischen Prozess verwenden wir Methoden, um das Verständnis zu verbessern. Solche Methoden sind:

Auf der Sprecherseite	
Explizieren	*Unter einem ... verstehe ich ...*
Rückversichern	*Verstehen Sie?*
Umformulieren	*Man nennt das auch ...*

Auf der Hörerseite	
Scheinwiederholungen	*Aha, ein ...*
Bestätigen	*Fliegen, ja.*
Reformulieren	*Sie meinen ...?*
Nachfragen	*Was wollten Sie damit sagen?*

Das Passivmodell

Das Aktivmodell ist weder sparsam noch in jedem Sinne effektiv. Schneller und leichter ginge es, selbst sein Verständnis zu verbessern – und noch besser: gleich besser zu verstehen. Die aktiv kommunikative Lösung wird nicht von allen empfohlen. Schnelle Rückfragen und Deutungsvorschläge können sogar kontraproduktiv sein.
Wenn Sie von Ihrem Partner etwas erfahren wollen, etwas verstehen wollen, sollten Sie die Kommunikation nicht bestimmen, sondern eher eine abwartende Haltung einnehmen.

Ratschläge

Nur wer gut zuhört, wird etwas verstehen. Beim Zuhören bekommt er mehr Kontext. Fürs Zuhören gibt es Ratschläge und Techniken, von denen wir einige zusammenfassen.

- Warten Sie geduldig, bis etwas klarer wird.
- Keine eigenen Deutungsvorschläge.
- Keine Ratschläge.
- Nicht kritisieren, nicht widersprechen.

Einem guten Versteher genügt ein einziges Wort, sagt ein brasilianisches Sprichwort.

Techniken fürs Interpretieren

Im Notfall hilft nur Interpretieren. Auch dafür gibt es Techniken. Ein erster Schritt der Interpretation ist immer: Den Zusammenhang erkennen und erarbeiten. Der Zusammenhang besteht nicht nur in dem, was vorangeht und was folgt. Er umfasst vor allem auch Sie, Ihr Wissen und Ihre Deutungsmuster.
Zum guten Verstehen gehört eine gewisse Distanz. Unser Verstehen ist geleitet durch die eigenen Gewohnheiten, durch erworbene mentale Muster. Darum lohnt es sich, ein Verständnis zu befragen darauf hin, in welchem Maße, in welchem Sinn es durch solche Muster bestimmt ist, auch durch Stereotype.
Normalerweise kondensieren wir den Zusammenhang auf für uns wichtige Aspekte. Das wird auch methodisch genutzt, etwa durch Ermittlung von Schlüsselwörtern oder Formulieren im Telegrammstil. Dies kann man wieder durch Assoziieren erweitern und so zu Neuem kommen.

Verstehen ist auch ein Vermutungsspiel. Verstehenskompetenz ist Vermutungskompetenz. Wer nicht auf Neues kommt, dessen Verständnis stagniert. Vermutungen sind ein erster Schritt, überhaupt auf alternative und neue Möglichkeiten zu kommen. Und letztlich bleibt jedes Verstehen ein Vermuten. Sicherheit gibt es nicht.

Alternativen sehen

Darum stellen Sie sich die Frage: Wie wäre es denn, wenn es anders zu verstehen wäre? Malen Sie sich das aus.

Ein anderer Schritt ist sozusagen die Pflege des gemeinsamen Wissens. Öfter unterstellen wir dem Partner vorschnell ein bestimmtes Wissen. Darum ist wichtig zu überlegen, ob solche Unterstellungen wirklich rational sind. Hierzu dient die Technik: Die Perspektive wechseln. Betrachten Sie das Ganze aus der Sicht des Partners. Damit kann Ihnen die eigene Perspektive bewusster werden.

Prinzipiell

Ein gutes Prinzip ist: Verstehen vor Widerspruch. Wenn Sie meinen, Ihr Partner widerspreche sich, dann überprüfen Sie Ihr Verständnis. In der sprachanalytischen Philosophie wurde das Pendant bekannt als principle of charity, das besagt, man solle etwa den Bezug definiter descriptions so bestimmen, dass der Satz möglichst wahr wird (Quine 1960, 59). Das Prinzip fordert nicht, dass man blauäugig oder gutgläubig sein solle. Es besagt aber, dass wer – wie zum Beispiel viele Rezensenten – den Widerspruch sucht, riskiert, dass ihm der Sinn entgeht. Man sollte immer davon ausgehen, dass der Partner sinnvoll redet, ja den plausibelsten Sinn unterstellen. Schauen Sie sich diesen Rezensenten an. Was unterstellt er alles?

... zeichnet es sich zwar nicht durchgängig, aber doch in einigen Kapiteln durch eine bedauernswerte Tendenz zur Weitschweifigkeit aus, in deren Zuge argumentative Seitenstränge erst eröffnet und dann abrupt als im Textzusammenhang irrelevant abgebrochen werden. Dies gilt insbesondere für das Deixis-Kapitel ...

Weiter könnte man kontrafaktisch unterstellen:

- Der Partner ist rational.
- Der Partner verwendet im Prinzip meine Sprache.
- Der Partner will schlüssig argumentieren.
- Der Partner hat was zu sagen.

Solche Prinzipien haben nicht den Status der Griceschen Maximen, aber sie sind auch nicht karitativ gedacht. Sie sind im Sinn des Hörers, weil er so zu einer besseren Deutung gelangt.

Sinn ist in unterschiedlichen Graden explizierbar. Der Sinn von Äußerungen ist komplex. Mancher ist so komplex, dass man ihn nur mit einem umfangreichen Text explizit machen könnte. Prinzipiell kann man Verstehen nicht konstruieren, bestenfalls rekonstruieren. Der Linguist rekonstruiert, was Sprecher schon können. Verstehen bleibt kreativ und offen. Darum ist Pragmatik keine im naturwissenschaftlichen Sinn exakte Wissenschaft.

7.5 Exempel: Metaphorik

> Oldtimer, Baujahr 55, Sportmodell, solide gelaufen, einige kleine Kratzer im Lack, Liebhaberstück für humorvollen Fahrer (ab 174 cm)

Alles, was ungewöhnlich, was neu ist, gibt Anlass zu Deutung. In diesem Exempel geht es um metaphorisches Verstehen. Nicht Metaphern stehen im Fokus, sondern ganz im Sinn des pragmatischen Ansatzes das Verstehen im kommunikativen Handeln, das deren Basis bildet, und reziprok zum Verstehen deren Produktion. Üblich sind Redeweisen wie, etwas sei metaphorisch gemeint und zu verstehen. Gesprochen wird auch von metaphorischen Akten, Ausdrücken und Redeweisen. Es gelte ein Gegensatz von wörtlich und metaphorisch. Auch, dass metaphorisch und verschlüsselt irgendwie zusammengehören, dass das Metaphorische eine Art Macke habe, die vielleicht auszuwetzen wäre. In der Unmenge wissenschaftlicher Literatur wurden auch Klassifikationen entwickelt, die man auf einer Skala sehen kann von der kühnen, kreativen Metapher (1) an einem Ende und der toten, volle etablierten (2) am andern.

Rolle der Metaphorik

(1) Petrus blaut.
(2) Siehst du den Wolkenkratzer?

Wie verstehen wir Metaphern? Wir denken uns das in zwei Phasen: Zuerst müssen wir merken, dass etwas nicht wörtlich, eben metaphorisch zu verstehen ist, und dann müssen wir es deuten. Man sieht schon an dieser Formulierung, dass beides nicht getrennt ist. Dennoch schauen wir nach Anzeichen der metaphorischen Redeweise und finden auch explizite: Feiglinge verwenden schon mal Anführungszeichen oder ein *übertragen* oder *bildlich gesprochen*. Analysen gehen davon aus, dass wir die metaphorische Rede daran erkennen, dass irgendwie Referenz und Prädikation nicht zusammen passen, dass sozusagen die Proposition nicht wahrheitsfähig sei – immer im wörtlichen Verständnis allerdings. Es liege eine Art Kategorienfehler vor, wenn ich sage: „Ich bin ein Oldtimer", weil die zum Beispiel nicht sprechen oder gar nicht sprechen können.

Kriterien für Metaphorik

Wie aber versteht man nun die Metaphorik? Übertragen gebraucht meint ja wohl hinübergetragen. Aber wohin? Nach einer schönen Metapherndefinition geht es um das Sehen des Ähnlichen im Unähnlichen. Der Rezipient deutet nicht im luftleeren Raum. Zuerst hat er einen Zusammenhang, in dem das Ganze steht. In unserem Beispiel muss er zusammenbringen Partnerschaft und Autowesen als Spenderbereich. Und als Gemeinsames dient das Textmuster. Ja, es gibt metaphorische Modelle wie: Geld ist Flüssigkeit oder Wissenschaft ist Kampf. Nach diesem Modell sind dann Aussagen gestrickt wie

(3) Die Quellen der Mafia sollen verstopft werden.
(4) Die Vergleichstheorie der Metapher ist hoffnungslos unterlegen.

Nutzung der Maximen

Eine Unmenge metaphorischer Redeweisen folgen dem Modell: der Mensch ist ein Container, in dem allerhand drin sein kann. Mit solchen Verwendungen von *voll* dürften wir kaum Probleme haben. Da können wir aus dem Vollen schöpfen:

(5) Ich bin voller Hoffnung, bin voller Zuversicht und Optimismus – und voller Tatendrang.
Voller Stolz, Freude und Elan, voller Hingabe und Begeisterung,
voller Ideen und Tatendrang, voller Saft, Kraft und Energie,
voller Witz und Ironie.

Weiter kennt der Rezipient metaphorische Präzedenzen. Er hat ja immer einen Zusammenhang. Sie werden jetzt nach der Oldtimer-Anzeige eine schöne Präzedenz für die folgende haben:

Second hand, gut eingefahren, hoher Kilometerstand, scheckheftgepflegt, generalüberholt, Besichtigung und Probefahrt jederzeit

Nicht zuletzt kennt ein Rezipient schon Beispiele metaphorischer Rede, die etabliert sind. Bei Bremsverstärker wird er darum kaum auf die Idee kommen, es handle sich um einen Menschen, wenngleich gerade so eine Deutung im Kontext aufgebaut werden kann. Etablierte Verfahren sind gang und gäbe. Für Linguisten besonders wichtig, den sog. Subjektschub zu erkennen in (6) oder (7) für (6a) oder (7a) und ihn selbst gegebenenfalls zu vermeiden:

(6) Das Wort *Oldtimer* bedeutet X.
(7) Das Wort *Oldtimer* referiert auf Y.
(6a) Mit dem Wort *Oldtimer* können wir zu verstehen geben, dass X.
(7a) Mit dem Wort *Oldtimer* referiert der Sprecher auf Y.

All dies sind allgemeine Prozeduren, die ein Rezipient gebrauchen kann. Es ist nichts besonders Dramatisches, was wir schon daran erkennen, dass metaphorisches Reden nicht gleich zu Verständigungsproblemen führt. Das Verständnis, das ein Rezipient so gewinnt, bleibt aber offen, ist nicht fix. Es kann auch nicht durch eine Paraphrase gegeben werden. Das wäre bestenfalls eine Krücke. Warum würde sonst ein Sprecher die metaphorische Redeweise wählen, sie dem Partner zumuten? Er will etwas anderes zu verstehen geben. Darum gibt es für das Interpretieren von Metaphern auch andere Wege. Zum Beispiel die Frage: Was fällt Ihnen ein bei Oldtimer? Was würde davon auf Menschen passen? Und was hier?

Wenn Metaphern eine klare Bedeutung hätten, dann bräuchten wir sie nicht. Sie sind keine kommunikative Belästigung, sondern attraktiv und erhellend. Darum sind sie auch poetisch so gefragt und vor allem: An der Basis des Sprachwandels steht oft die Metapher, ein leicht abweichender Gebrauch, mit dem etwas Neues, etwas anders gesagt wird, der aber so attraktiv ist, dass er Nachfolger findet. So viele, dass eine neue Konvention entsteht.

7.6 Fazit

Wie wir etwas verstehen, können wir nicht frei entscheiden. Es ist konventionell bestimmt und durch unser aktualisiertes Wissen. Aber wir können interpretieren und die Verstehensfähigkeiten trainieren. Fazit

7.7 Aufgaben und Vertiefung

1. Ein Aufgabe aus „Wer wird Millionär?" Aufgaben

Manche Biologen sprechen bei der Aufteilung der Lebewesen von den

□ Milliardären □ Kapitalisten □ Geldsäcken □ Superreichen

Tipp: Die Verrätselung hat etwas mit priming (= was im Kontextwissen aufgewärmt parat steht) zu tun.

2. Friedrich Schiller sagt: Willst du die andern verstehn,
blick in dein eigenes Herz.

Können Sie das als Verstehensratschlag in eigenen Worten formulieren und begründen?

3. Analysieren Sie folgendes Beispiel. Wie könnte die zweite Frage kohärent zustande kommen und wie die elizitierte Antwort?

Im Sportstudio wird verlangt, alle cerrotti zu entfernen. Was sind cerrotti? Ich frage eine Frau, von der ich weiß, dass sie Deutsch spricht:
A: Che significa cerrotti in tedesco? (Was heißt *cerrotti* auf Deutsch?)
B: Pflaster – das Pflaster.
A: Lei insegna il tedesco? (Sie unterrichten Deutsch?)
B: Si.

4. Entwerfen Sie ein Räsonnement, wie man das Präsens für die Zukunft aus der Annahme gewinnen kann, die Bedeutung des Präsens sei vage.

5. Als Grundbedeutung des Modalverbs *sollen* wird oft angesetzt ‚zu etwas verpflichtet sein'. Entwerfen Sie ein Räsonnement für das Verständnis des folgenden Satzes:

Tanja soll schon da gewesen sein.

6. Entwerfen Sie eine attraktive und verständliche metaphorische Annonce, in der Sie Ihr gebrauchtes Auto vermenschlicht anbieten:

Meinen besten Freund ...

Zu Metapherntheorien Hausman 2006, psycholinguistische Erkenntnisse in Glucksberg 2004. Vertiefung

8 Gesprächsanalyse

8.0 WarmUp und Lernziele

WarmUp

Betrachten Sie die folgende Gesprächsaufzeichnung. Achten Sie besonders auf Unterschiede zu üblichen schriftlichen Texten, was die Schreibung, die Grammatik, die Vollständigkeit der Sätze und Abbrüche betrifft.

```
S1: Ja, die Vierziger Generation, so. Das 's wahnsinnig viele,
     die sich da ham scheiden
S2: Ja.
S1: lassen.
S2: Hm.
S1: Oder scheiden lassen überhaupt.
S2: Hm.
S1: Heute noch. 'S is der Umbruch.
S2: 'N besonders gutes Beispiel, das warn mal unsere Nachbarn.
```

Ziele

In diesem Modul werden Sie Grundlagen der linguistischen Auseinandersetzung mit Gesprächen kennen lernen. Es geht darum,

- wie Gespräche strukturiert sind,
- welche sprachlichen Besonderheiten sie aufweisen und
- welche Mechanismen sprachlichen Handelns ein Gespräch konstituieren.

8.1 Sprache – Gespräch – Gesprächsanalyse

Abweichungen?

Das Gespräch im WarmUp erinnert uns: Wohlgeformte, vollständige und eindeutige Sätze sind in der realen Kommunikation eher die Ausnahme als die Regel. Häufiger finden wir abgebrochene Konstruktionen, morphosyntaktische Fehler, scheinbar nutzloses Füllmaterial (*äh, sozusagen, halt eben, gell* usw.), unverbundene Einschübe und ähnliche Phänomene, die in Grammatiken so nicht vorgesehen sind. Die normale Schreibweise findet hier ihre Grenzen, viele gesprächsspezifische Phänomene können mit ihr nicht erfasst werden. Andererseits verwenden wir in schriftlicher Wiedergabe Zeichen, die in der gesprochenen Sprache keine Rolle spielen – beispielsweise die Satzzeichen oder die Unterscheidung zwischen Groß- und Kleinschreibung. Auch auf der Handlungsebene ist nicht alles so, wie es Konversationsleitfäden gerne hätten: S2 unterbricht z.B. seinen Partner, das hat überhaupt keine problematischen Konsequenzen für den weiteren Verlauf des Gesprächs.

Authentische Kommunikation

So stellt sich die Frage, warum wir so „schlampig“ kommunizieren und ob hinter Phänomenen wie den hier angedeuteten ein System steckt. Eine Sprachwissenschaft, die verstehen will, wie Sprache in der Kommunikation verwendet wird, welche Funktionen sie für Sprecher erfüllt, unter welchen Bedingungen Kommunikation erfolgreich ist oder scheitert, was wir tun müssen, um erfolgreich zu kommunizieren und wie der Sprachgebrauch mit externen (sozialen) Faktoren zusammenhängt, sollte sich nicht darauf beschränken, die kodifizierte Form der Sprache zu untersuchen und als Beispiele erfundene Sätze oder Modelltexte aus der Literatur oder dem Journalismus heranzuziehen. Sie sollte sich vielmehr ins kommunikative Gemenge stürzen und untersuchen, was da passiert.

Die Gesprächsanalyse will genau das: Sie geht davon aus, dass unsere sprachlichen Handlungen nicht im luftleeren Raum stattfinden, sondern im Rahmen komplexerer Aktivitäten, in der gesprochenen Sprache vor allem in Form von Gesprächen. Die meisten Äußerungen, die wir im Laufe eines Tages produzieren, sind Teile von Gesprächen. Diese wiederum bilden den Kontext der Äußerungen, sie sind wichtige Instanzen der Kommunikationssituation und bedingen unter Umständen, dass unsere Äußerungen im Vergleich zur Sprachnorm defizitär sind. Man sollte diesen Rahmen deswegen nicht ignorieren, wenn man beschreiben, analysieren und erklären will, wie menschliche Kommunikation funktioniert.

Eigenschaften von Gesprächen

Da Gespräche alltägliche und selbstverständliche Erfahrung sind, haben Sprecher eine klare Vorstellung davon, was ein Gespräch ist. Die wissenschaftliche Beschäftigung mit dem Gegenstand kann also an ein verwurzeltes Alltagskonzept anknüpfen. Konsens dürfte sein, dass ein Gespräch sich durch folgende Eigenschaften auszeichnet:

- Ein Gespräch hat mindestens zwei Teilnehmer.
- Die Rollen der Teilnehmer wechseln: Wer in einem Moment zuhört, kann kurz darauf selbst das Wort ergreifen.
- Gespräche werden mündlich realisiert. Chats sind Grenzfälle.
- Gespräche haben ein mehr oder weniger genau vorausgesetztes Thema. Die einzelnen Äußerungen der Teilnehmer werden damit als zusammenhängend aufgefasst. Auch informelle Gespräche weisen ein Minimum an Kohärenz auf.
- Man kann den Anfang und das Ende eines Gesprächs ziemlich genau markieren. Es gibt ritualisierte Formen des Eintritts und des Austritts aus Gesprächen.
- Das Gespräch ist eine koordinierte Aktivität: Jeder Teilnehmer muss beachten, was die anderen machen, und muss darauf reagieren. Er kann nicht „sein eigenes Süppchen kochen“.
- Auch wer gerade nicht spricht, wird aktiv am Gespräch teilnehmen.

Das Konzept

Sprachliches Handeln wird in Gesprächen sozial situiert, es trägt entscheidend dazu bei, dass soziale Gruppen entstehen. Solche Interaktionen sind deswegen ein Untersuchungsgegenstand nicht nur für linguistische Forschungsansätze, sondern auch für viele andere Wissenschaften, von der Soziologie über die Psychologie bis hin zur Gehirnforschung. Als wissenschaftliches Objekt sind Gespräche für interdisziplinäre Überlegungen prädestiniert.

Eine linguistische Gesprächsanalyse gibt es seit den frühen 70er Jahren des letzten Jahrhunderts. Ihre Entstehung steht in engem Zusammenhang mit Entwicklungen innerhalb der Sprachwissenschaft und mit Einflüssen aus anderen Wissenschaften. Wichtig ist zuerst die pragmatische Wende der Sprachwissenschaft, die zunehmende Bedeutung also, die die Frage, wie und wozu Sprache verwendet wird, in den linguistischen Diskussionen einnahm. Außerdem begannen Linguisten in den 60er Jahren, sich intensiver mit der gesprochenen Sprache auseinanderzusetzen.

Einflüsse

Einen wichtigen Beitrag zur Entwicklung der Gesprächsanalyse haben aber auch andere wissenschaftliche Disziplinen und Strömungen geleistet: Wichtige Inspirationsquellen waren soziologische Richtungen wie Ethnomethodologie (Garfinkel, Cicourel) und Interaktionsanalyse (Goffman), aber auch Ansätze aus der Sprachphilosophie (Austin, Searle). Aus diesen Ingredienzien entwickelten sich unterschiedliche Ansätze der Gesprächsforschung, die sich zunächst auf unterschiedliche Quellen bezogen, unterschiedliche Schwerpunkte setzten und miteinander konkurrierten: In der Literatur finden Sie noch heute unterschiedliche Bezeichnungen wie Konversationsanalyse, Diskursanalyse oder Dialoggrammatik. Ursprünglich waren das verschiedene, zum Teil konkurrierende Forschungsprogramme. Die Unterschiede haben sich inzwischen weitgehend abgeschliffen, sodass jetzt von einem gut definierten Forschungsgebiet gesprochen werden kann, in dem Untersuchungsmethoden und -begriffe aus der Pragmatik und anderen linguistischen Teildisziplinen aufgegriffen und integriert werden. Es geht dabei immer um die systematische Beschreibung, Analyse und Erklärung des dialogischen Sprachgebrauchs als soziale Aktivität, um die Prinzipien und Mechanismen, die eine sinnhafte Koordinierung von Handlungen in Interaktionen erlauben und um die Frage, wie in der Interaktion kommunikativer Sinn entsteht.

Schon ein kurzer Blick auf wichtige Publikationen und auf Tagungen zu Gesprächen zeigt, dass hier eine nahezu eigenständige Unterdisziplin der Linguistik entstanden ist. Sie gehört sicher nicht zu den traditionellen Kernbereichen der Pragmatik, weist aber zahlreiche Überschneidungen mit dieser auf. Wir denken, dass Überlegungen zum Zusammenhang von Sprechen und Handeln ohne einen Blick auf Gespräche unvollständig wären.

8.2 Gespräche: Dokumentation und Transkription

Empirie

Die Gesprächsanalyse ist eine stark an empirischen Daten orientierte Disziplin. Es geht vor allem um natürliche Gespräche. Gesprächsforscher wollen auf keinen Fall mit konstruierten Beispielen arbeiten. Nur an authentischem Material kann man erkennen, was in Gesprächen vor sich geht, welche Strukturen es gibt, wie die Teilnehmer handeln usw. Das klingt einfach, aber für die Beantwortung solcher Fragen muss man erst an Untersuchungsmaterial kommen. Die Forscher müssen authentische Gespräche aufzeichnen und für ihre Analysen aufbereiten. Dafür sind in den letzten Jahren ausgefeilte und ambitionierte Methoden entwickelt worden. Der Fortschritt in der Aufnahmetechnik war eine große Hilfe. Ton- und Videoaufnahmen sind extrem wichtig, damit die Analysen am Material überprüft werden können. Für eine genaue Analyse und Diskussion müssen die Aufnahmen aber auch verschriftet werden in akribischen Transkripten. Idealtypisch geht eine gesprächsanalytische Forschung in folgenden Schritten vor:

Transkription

1. Interaktion (Ausgangsmaterial)
2. Dokumentation → Aufnahme (Audio oder Video)
3. Transkription → Transkript
4. Wissenschaftliche Beschreibung
5. Wissenschaftliche Analyse
6. Aufbereitung/ Bearbeitung und Interpretation → wissenschaftliche Publikation

Probleme der Transkription

In der Abfolge der Schritte gehen durch Selektionsprozesse sukzessive Informationen verloren: Die Aufnahme gibt nicht die Atmosphäre und den Kontext der Originalinteraktion wieder, auch die beste Videoaufnahme erfasst nicht alle gesprächsrelevanten Details. Sie hat außerdem den Nachteil, dass sie nicht ohne Weiteres als Grundlage in wissenschaftlichen Analysen und Diskussionen verwendet werden kann. Deswegen werden Gespräche transkribiert und damit zugänglicher gemacht. Bei der Transkription muss weiter selegiert werden, worin immer auch Deutung des Transkribierenden und seine speziellen Forschungsinteressen eingehen. Er muss z.B. entscheiden, welche nonverbalen Aktivitäten dokumentiert werden oder wie und wie genau die Intonation wiedergegeben wird.

Hinzu kommt das Problem nicht-verbaler Äußerungsteile, die gar nicht transkribiert werden können: Hier muss der Beobachter entscheiden, ob eine bestimmte Bewegung der Mundwinkel ein (ironisches, ehrliches, freundliches oder aufgesetztes) Lächeln, ein Grinsen oder etwas Anderes ist – er muss also deuten. Auch Lachen lässt sich nicht transkribieren. In Gesprächen unterscheiden wir aber sehr genau verschiedene Arten des Lachens und ziehen unsere Schlüsse daraus. Auch das beruht auf Deutung.

Objektivität

Im Ablauf der Schritte 1 bis 6 gehen immer mehr Informationen verloren und immer mehr Deutungen kommen dazu. Man sollte von gesprächsanalytischen Analysen keine absolute Objektivität erwarten, obwohl Methoden angestrebt werden, die geeignet sind, die Forschungsergebnisse überprüfbar und nachvollziehbar zu machen.

Die Transkription der Daten ist eines der zentralen Probleme der Gesprächsanalyse. Je besser das Material dokumentiert ist, umso besser kann man damit arbeiten und umso verlässlicher können die Ergebnisse in die wissenschaftliche Diskussion eingebracht und überprüft werden. Deshalb ist es wünschenswert, dass möglichst alle Forscher die gleichen Transkriptionskonventionen verwenden. Dazu gibt es konsensfähige Vorschläge, die von mehreren Forschern gemeinsam entwickelt wurden. Ein gutes Transkriptionssystem sollte nicht einfach die sprachlichen Äußerungen der Beteiligten wiedergeben, sondern alle Informationen enthalten, die für das Verständnis der Sprecher untereinander und für die wissenschaftliche Analyse relevant sind. Es sollte Transkripte ermöglichen, die gut lesbar sind (auch für Nicht-Experten) und nur solche Symbole enthalten, die intuitiv gut durchschaubar sind.

Gespräch als multimediales Ereignis

Die wichtigste Frage ist sicher die nach den Daten, die ein Transkript enthalten muss. Wenn Sie überlegen, welche Informationen Sie als Teilnehmer eines ganz normalen Gesprächs verarbeiten, dann haben Sie eine erste Vorstellung von den Anforderungen an ein Transkriptionssystem. Ein Gespräch ist ein multimediales Ereignis: Sie hören, was ein Sprecher sagt, deuten also verbale Zeichen. Daneben spielen aber auch paraverbale Merkmale (die das Gesagte modulieren) und nonverbale Kommunikation eine Rolle – beide sind vom Sprecher nur teilweise kontrollierbar. Das sind keine Zeichen im engeren Sinn – sie sind ja meistens nicht kommunikativ intendiert –, aber wir deuten diese Phänomene oft als gesprächsrelevante Symptome für Gemütszustände, Charaktereigenschaften oder Einstellungen. Das kann in die Irre führen, weil ein Sprecher natürlich nicht unbedingt aufgeregt sein muss, wenn er schnell spricht, oder verärgert, wenn er laut spricht. Der Schluss von paraverbalen Merkmalen auf Sprechereigenschaften ist also prekär. Das ist Gesprächsteilnehmern aber nicht immer bewusst.

Verbale Kommunikation	Paraverbale Kommunikation	Nonverbale Kommunikation
Verzögerungen (*äh*)	Akzent	Schweigen
Korrekturen	Rhythmus	Gestik
Abbrüche	Dehnungen	Mimik
Interjektionen/ Einwürfe	Stimmführung, Intonation	Proxemik
Simultanes Sprechen	Lautstärke, Intensität	Objektmanipulationen
Dialektale Lautung	Sprechgeschwindigkeit	Bewegungen im Raum
Hörersignale (*ja*, *hm*)	Pausen	Hüsteln, Seufzen, Lachen

Wenn jemand gestikuliert, dann deuten wir das leicht als Symptom für Aufregung oder andere Emotionen. Wenn jemand eine Pause macht, dann denken wir, er denke nach. All das sind schon Deutungen, die im Transkript nichts zu suchen haben, wenn es das Geschehen exakt wiedergeben soll.
Sehen Sie als fortgeschrittenes Transkript (Selting u.a. 2009) den Gesprächsausschnitt, der im WarmUp vereinfacht wiedergegeben war.

```
01 S1:   ja:; (.) die VIERziger generation so;=
02     =das_s: !WA:HN!sinnig viele die sich da ham [SCHEI]den
03 S2:                                              [ja; ]
   S1:   lasse[n.=]
04 S2:        [hm,]
05 S1:   =oder scheiden lassen Überhaupt.
06 S2:   hm,
07     (--)
08 S1:   heute noch-
09     ((atmet 2.1 Sek. aus))
10     s_is der UMbruch.
11 S2:   n besonders GUtes beispiel das warn mal unsere
       NACHbarn.
```

Wir sehen, wie schwierig so ein Transkript zu lesen ist – und wohl noch schwieriger zu produzieren. Erkennbar: der hohe theoretische Anspruch der Gesprächsanalyse. Auffällig: Das Gespräch scheint länger geworden und einzelne Beiträge sind nummeriert. Außerdem müssten Schreibkonventionen in einer Legende geklärt werden.

Schreibkonventionen

[]	Überlappung und Simultansprechen
(.)	Mikropause, geschätzt, bis ca. 0.2 Sek.
(--)	längere Pause von ca. 0.5-0.8 Sek. Dauer
s_is	Verschleifung
((hustet))	para- und außersprachliche Handlung
:	Dehnung um ca. 0.2-0.5 Sek.
akZENT	Fokusakzent
!WA:HN!sinnig	extra starker Akzent

Tonhöhenbewegung:

?	hoch steigend
,	mittel steigend
–	gleichbleibend
	mittel fallend
.	tief fallend
=	schneller, unmittelbarer Anschluss

Wie viel Deutung steckt der Transkribent in die Aufzeichnung?

Versteckte Deutung?

- Einige Notationen („erstaunt") sind ganz offen deutend.
- Die Wiedergabe in alphabetischer Schrift macht Festlegungen nötig: Der Transkribent muss etwa entscheiden, ob der Sprecher *ä, ää, ääh* oder *eh* gesagt hat.
- Mit der Nummerierung nimmt der Transkribent eine Strukturierung vor; er segmentiert in einzelne Gesprächsschritte.
- Ein System der Tonhöhen und Pausen findet Verwendung. Unterschiedliche geschätzte Pausen und gemessene Pausen mit Zeitangabe werden verzeichnet.

Pausen

Da stellen sich viele Fragen: Was ist überhaupt eine Pause? Warum ist nicht jeder Moment der Stille zwischen zwei Wörtern eine Pause? Gibt es einen Unterscheid zwischen Stille und Pause? Warum wird gerade so differenziert? Kann man den Typen und Längen Bedeutungen zuordnen? Und wenn ja, welche? Überall Festlegungen, die immer wieder überprüft und begründet werden müssen.

Gesprächsteilnehmer stellen sich (in anderen oder ohne Termini) die gleichen Fragen wie die Transkribenten: In Gesprächen gibt es natürlich oft Momente der Stille. Manchmal werden sie wahrgenommen, manchmal nicht. (Hängt das von der Länge ab oder auch von anderen Faktoren?) Wenn wir im Gespräch einen solchen Moment der Stille als Pause wahrnehmen, dann versuchen wir, ihn einzuordnen:

- Braucht der Partner einen Moment, um nachzudenken?
- Hat er seinen Beitrag beendet?
- Kann ich jetzt etwas sagen?

Oft sind sich die Gesprächspartner hier nicht einig. Manche Leute sprechen eben langsamer und machen viele Pausen. Notorische Schnell- und Vielsprecher nutzen das, um sich selber einzuklinken. Das kann zu Konflikten in der Kommunikation führen. Es gibt auch kulturbedingte Unterschiede. All das kann man mit gesprächsanalytischen Methoden nachweisen und aufarbeiten.

8.3 Gesprächstypen

Vielleicht verbringen wir durchschnittlich zehn Prozent unserer Zeit mit Gesprächen. An einem normalen Tag kommt so einiges zusammen. Angefangen vom Smalltalk am Frühstückstisch über verschiedene Gesprächstypen in der Uni oder am Arbeitsplatz (Seminargespräch, Beratungsgespräch, Notenbesprechung, Pausengespräch in der Cafeteria, Meeting, Einstellungsgespräch, Verhandlungsgespräch) und Verkaufsgespräche in Geschäften bis hin zu mehr oder weniger inspirierten Kneipengesprächen am Abend. Dazu kommen dann noch Mediengespräche wie Politiker-Interviews oder Talkshows, die wir meistens nur rezipieren. Jeder Sprecher weiß eine ganz Menge über die verschiedenen Gesprächstypen und ihre Besonderheiten. Er weiß, wer in welcher Eigenschaft am jeweiligen Gespräch teilnehmen kann und darf, welche Themen man (nicht) ansprechen sollte, welche sprachlichen Handlungen man (nicht) ausführen sollte, welches sprachliche Register angemessen ist usw. Ein Teil unserer kommunikativen Kompetenz besteht in der Fähigkeit, Gespräche den jeweiligen Konventionen gemäß zu führen und zu beurteilen, ob andere es richtig machen.

Die in einem Gespräch erwartbaren Verhaltensweisen lassen sich erst einmal mit nicht-sprachlichen Besonderheiten der Gesprächskonstellation in Verbindung bringen. Auf der Grundlage solcher Merkmale können Gespräche klassifiziert werden.

Gesprächstypen

Kriterien für diverse Gesprächstypen entspringen unserer Erfahrung.

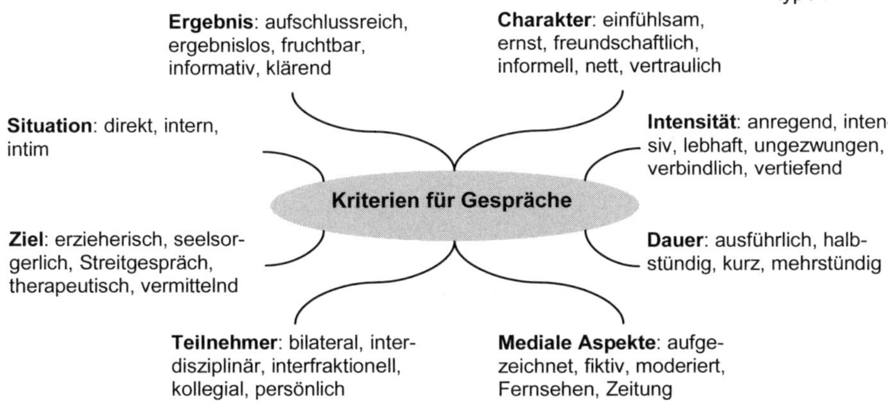

Beratungsgespräch

In der wissenschaftlichen Arbeit kann das zu weiterer Differenzierung genutzt werden. Nehmen wir als Beispiel ein Beratungsgespräch für ein Auslandsstipendium in der Universität: Es handelt sich um ein natürliches Gespräch mit direkter Interaktion. Die Teilnehmer sind räumlich und zeitlich kopräsent; normalerweise nehmen zwei Personen an einem Beratungsgespräch teil, denkbar sind auch Kleingruppen. Das Gespräch ist nicht öffentlich, die Teilnehmer sind nicht besonders eng miteinander bekannt. Im Normalfall nehmen ein Dozent und ein Student an diesem Gespräch teil, der Dozent in der Rolle des Experten, der Student sucht Rat und Hinweise, also ein asymmetrisches Verhältnis der Teilnehmer. Beide sind auf den Gesprächstyp vorbereitet, die Ausrichtung ist vorwiegend diskursiv, man versucht Vor- und Nachteile einzelner Angebote und Lösungsmöglichkeiten zu erörtern. Dabei wird eine gewisse Themenzentriertheit erwartet. Es wäre zumindest ungewöhnlich, wenn einer der Teilnehmer lang und breit über seine Hobbys referieren würde. Es wäre ebenso fehl am Platz, wenn der Dozent dem Studenten Anweisungen geben würde (direktiv) oder wenn einer der Teilnehmer in den Ton einer Kneipendiskussion verfallen würde.

8.4 Gesprächsanalytische Analysekategorien

Organisation von Gesprächen

Gespräche sind komplexe, strukturierte und koordinierte Aktivitäten. Es sieht zwar aus der Perspektive der Beteiligten nicht immer so aus, aber aus der Beobachterperspektive wird klar, dass die Teilnehmer sich meist so verhalten, wie es in der Situation erwartbar ist, und dass sie damit rechnen, dass auch die Partner das tun. Es gibt also Regelmäßigkeiten. Das Beispiel im WarmUp zeigt, dass man sie mit Begriffen wie Satz oder Sprechakt nicht ganz erfassen kann.

turn

Hörersignale

Ein Gespräch ist nicht in Sätze gegliedert. Die relevante Gliederungseinheit ist der Gesprächsschritt oder turn. Ein turn umfasst alles, was ein Sprecher vom Beginn seines Beitrages bis zu dessen Ende sagt. Er fällt weder mit einem Satz noch mit einer Sprechhandlung zusammen. Im Beispiel geht der turn des Sprechers S1 bis Zeile 10. S2 spricht in dieser Zeit nicht, ist aber auch nicht ganz inaktiv: An mehreren Stellen äußert er *ja* oder *hm*. Solche Hörersignale haben eine wichtige Funktion für die Konstituierung von gemeinsamer Aktivität; wenn sie ausbleiben, kommt der Sprecher ins Schwimmen.

turn-taking

Die Koordinationsaufgabe der Gesprächsteilnehmer besteht vor allem darin, den Sprecherwechsel (das turn-taking) zu organisieren. Dazu gibt es subtile Mechanismen und Regeln, die alle Sprecher kennen und normalerweise respektieren – auch wenn sie sich dessen nicht bewusst sein müssen. Normative Ansätze gehen oft davon aus, dass man einen Sprecher nicht unterbrechen dürfe. So einfach ist die Realität nicht. Das zeigen Beschreibungen des Sprecherwechsels und der Methoden der Sprecherselektion.

Glatter turn-Wechsel

A hört auf zu reden, B fängt sofort danach an und umgekehrt. Auch Pausen wären hier möglich.

Synchrones Sprechen

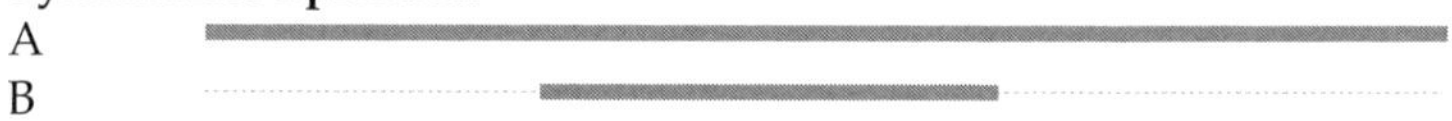

B versucht wahrscheinlich, seinen Partner zu unterbrechen, es gelingt aber nicht. A redet weiter, behauptet seinen turn.

Frühstarts

B beginnt vor dem eigentlichen Ende des Beitrags von A. Wahrscheinlich hat er an irgendwelchen Anzeichen gemerkt, dass der Andere so gut wie fertig ist und hat dann vor dem eigentlichen Ende des turns schon mal mit seinem angefangen. Das macht A dann auch.

Fehlstart

B setzt an, kommt aber nicht zum Zug und gibt auf.

TRPs

Stellen, an denen Sprecherwechsel prinzipiell möglich sind, heißen transition relevant places (TRPs) oder übergangsrelevante Stellen.

Sprecherwahl

Sprecher erkennen TRPs mit ihrer Kompetenz. Indikatoren sind verbale, paraverbale und nonverbale Mittel, vor allem in zwei Modi:

1. **Fremdwahl**: A gibt den turn frei, signalisiert dem B diesen Wunsch an einem TRP:
- Mit Stimme und Intonation
    - Dehnung eines Vokals oder eines Schwa
    - Glottisschlag
    - pitch
    - abnehmende Lautstärke
    - stereotype tags (Interjektionen, Partikel, Wendungen: *nicht wahr, ne, nicht, ja*)
- Mit Gestik, Mimik
    - Abbruch des Blickkontakts
    - Blick
    - hinweisende Gesten
- Konventionell
    - Ende des Erstglieds eines adjacency pairs
    - Inhaltlicher Abschluss

2. **Selbstwahl**: An einem TRP steigt ein neuer Sprecher ein.
- Einklinken (*ja aber, na gut, ach ja, ja*)
- Fremdkorrektur

adjacency pairs

Öfter ist der Sprecherwechsel durch die Art des Gesprächsschrittes geregelt: Wenn Ihnen jemand eine Frage stellt, wissen Sie, dass Sie jetzt dran sind, Sie sollten antworten. Ähnlich bei einem Gruß, der einen Gegengruß erfordert. Dies sind adjacency pairs, Gesprächsbeiträge, die miteinander verknüpft sind. Das Auftreten des ersten Elements legt die Fortsetzung des Gesprächs fest – die Beziehung zwischen beiden kann als bedingte Erwartbarkeit charakterisiert werden. In diesem Telefonat finden Sie mehrere Beispiele:

```
P: Schiller
W: Morgen Peter, Hallo
P: Hallo, Walter
W: Ich wollt dich einmal aufwecken
P: Das ist aber gut. Ich bin schon längst aufgeweckt, Walter
W: Äh, von wem?
P: Ja also von selbst, nich(?) Ich werde ja selbst wach, ne(?)
W: Ach so, also ah, du wirst von selb- ich hab gedacht [lacht] ah ja
stimmt. Na aber aufgeweckt warst du ja schon immer, nicht(?) Und da
P: Ja, doch Walter
W: is das natürlich keine Schwierigkeit, nich(?)
```

(Transkript: Hinnenkamp 1998, 284)

Adjazenzpaare bestehen aus mindestens zwei turns verschiedener Sprecher, die in fester Reihenfolge aufeinander folgen und deren erster Teil den zweiten bestimmt. Sie spiegeln eine strukturelle Organisation der Interaktion wider, ihre Erwartbarkeit macht sie zu einem wichtigen Bestandteil für das Verständnis der Folgehandlung.

Gesprächssequenz

Adjazenzpaare sind eine zentrale Form von Gesprächssequenzen, der nach dem turn nächst höheren Einheit der Organisation von Gesprächen. Sequenzen konstituieren einen Handlungszusammenhang, sie sind funktional-kommunikativ bestimmt, formale Kriterien spielen eine untergeordnete Rolle. Sie sind damit Mittel zur Herstellung von Kohärenz in Gesprächen.

Störungen

Wie wichtig die sequenzielle Organisation der Konversation ist, erkennt man, wenn Störungen auftreten, wie im folgenden Beispiel.

```
T: Tattenbach
G: Ja grüß Gott, Grantner
T: Hallo: guten Abend wie gehts?
G: A::h jetz hab i Ihren Namen nit verstanden
T: Tattenbach
G: °Das is der Mann von der Frau Meissner°
T: Richtich
G: °Aha (+) dern eigenen Namen hat°
T:          °Ja°     Jahaha klar
G:          {der immer zu Hause ist}
T: Wir sind doch individuell
G: Grü:ß Sie
T: Grüß Sie auch
G: Gehts gutt?
T: JA
```

(Transkript: Hinnenkamp 1998, 296)

repairs

Sowohl bei der Begrüßung und Vorstellung als auch bei der Folgesequenz „Frage nach dem Befinden" treten Störungen durch Verhörer auf. Das können die Teilnehmer nicht tolerieren, der normale Ablauf wird unterbrochen, um Korrekturen und eine vollständige Realisierung der Sequenz zu schaffen.

Im Gespräch tauchen immer wieder solche und ähnliche Probleme auf. Neben Verhörern kann es um Missverständnisse gehen, um Aussagen, die auf der Beziehungsebene problematisch sind (Beleidigungen, kleine Spitzen), um unklare Ausdrücke usw. Sie lösen Reparatursequenzen (repairs) aus, Sequenzen mit eigener, interner Systematik im Sinne von erwartbaren turns. Sie haben in allen Gesprächen eine wichtige, hygienische Funktion.

Phasierung

Ein dritter Gesichtspunkt der Gesprächsanalyse ist die Phasierung. Phasen umfassen meistens mehrere turns und Sequenzen. Gesprächsphasen sind komplexe Einheiten, die relevante Handlungs- oder Themenzusammenhänge ausmachen. Grob gesagt kann man jedes Gespräch erst einmal in drei Phasen einteilen: Eröffnung, Kern und Abschluss.

In der Eröffnungsphase werden allgemeine Einschätzungen bezüglich der Situation koordiniert (typische Sequenzen: Gruß – Gegengruß, Frage nach dem Befinden – Antwort), in der Kernphase werden die Themen abgehandelt und die Ziele der Teilnehmer realisiert, in der Schlussphase schließlich entbinden sich die Teilnehmer gegenseitig von den im Gespräch übernommenen Pflichten und sanktionieren den Übergang in eine andere Situation. Eröffnung und Abschluss sind stark ritualisiert (mit Grußformeln und anderen quasi obligatorischen Elementen), die Gesprächsmitte ist komplexer und kann weiter unterteilt werden. Als Beispiel ein Telefonat.

Eröffnungsphase

1. Klingeln	Kanaleröffnung
2. A: Hallo? Liebert.	Gruß, Identifizierung
3. B: Reiß. Hallo. Susanne?	Identifizierung, Gruß, Identität?
4. A: Ja.	Bestätigung der Identität
5. B: Hier ist Judith.	Selbstidentifizierung
6. A: Hallo Judith.	Gruß, Erkennen der Identität

Kernphase

7. B: Ich wollte fragen, ob du am Samstagabend etwas vorhast.	Übergang zum Grund des Anrufs
8. A: Ja.	
9. B: Wir wollen zusammen essen gehen. Kommst du mit?	Grund des Anrufes
10. A: Sehr gern.	
11. B: Wunderbar. Wir treffen uns um 9. Vielleicht bei mir. Dann gehen wir zum Chinesen. Okay?	

Abschlussphase

12. A: Okay. Bis dann.	Bestätigung, Grußeinleitung
13. B: Bis dann. Tschüss.	Gegengruß, Abschlussgruß
14. A: Tschüss.	Abschlussgruß
15. B: Tschüss.	Gegengruß
16. Auflegen	Beendigung

Ritualisierung

Eröffnungs- und Abschlussphasen von Telefongesprächen sind stark konventionalisiert und ritualisiert. Im vorliegenden Fall schafft die Identifizierung am Anfang ein kleines Problem: Die beiden Teilnehmerinnen müssen sich wechselseitig erst ihre Identität bestätigen. Erst nach der Bestätigung können sich Susanne und Judith mit den Vornamen anreden. Nicht realisiert wird hier die Sequenz „Frage nach dem Befinden", die ein weiterer typischer Bestandteil von Eröffnungsphasen ist. Typisch ist auch, dass der Übergang zu einer weiteren Gesprächsphase vorbereitet wird, hier durch eine Floskel („Ich wollte fragen ...") und durch ein „Okay", das signalisiert, dass das Hauptthema nach Meinung von Susanne abgeschlossen ist und man zur Verabschiedung übergehen kann. Judith bestätigt das durch Wiederholung von „Bis dann".

kulturelle Unterschiede

Die starke Konventionalisierung solcher Gespräche und Abfolgen bedeutet auch, dass es bemerkenswerte Unterschiede in verschiedenen Kulturen gibt. Hier zum Vergleich Eröffnungen in drei Sprachen. Alle drei beginnen vergleichbar. Es geht dann allerdings um unterschiedliche kommunikative Probleme, die Beispiele sind also nicht in jeder Hinsicht typisch. Im ersten ist erstaunlich, dass es ohne Identifizierung läuft. Ist die Nummer im Display? Im zweiten wird Identifizierung des Anrufers verlangt. Das kennen wir bei vielen Stellen im Deutschen auch. Im italienischen Beispiel benötigt der Anrufer die Identität des Antworters, damit er sein Anliegen vorbringen kann.

A: Hello?	A: Sí dígame	A: Pronto.
B: How are you my love?	B: Buenas tardes hablo con el doctor?	B: Dottore Zagato?
A: Fine. How are you?	A: Con quién hablo?	A: È fuori.

Man kann sich leicht Situationen vorstellen, in denen ein Gesprächsteilnehmer noch nicht den Eindruck hat, dass die Zeit für die Folgephase reif ist und den Übergang verzögert. Auch das ist letztlich eine Explizierung dessen, was Gesprächsteilnehmer wissen oder zumindest tun: Wenn Sie in ein Geschäft gehen und ein Gespräch mit einem Verkäufer beginnen, dann haben sowohl Sie als auch der Gesprächspartner eine relativ klare Vorstellung davon, wann was gesagt werden sollte: Einer Eröffnungs- oder Kontaktphase, in der sie sich begrüßen und Sie ihr Anliegen schildern, folgt die Argumentations- oder Überzeugungsphase, in der über Vorteile und Nachteile verschiedener Angebote diskutiert wird; danach kommt eine Aushandlungs- oder Preisfestlegungsphase und schließlich eine Abschlussphase – mit guten Wünschen und Verabschiedung.

Verkaufsgespräch

closing

Jede Phase kann man genauer beschreiben. Im Deutschen kann man zum Beispiel in unterschiedlicher Weise aus einem Gespräch herausgehen („closing"). Eine Zerlegung der möglichen Handlungen könnte so aussehen. Wollte man sie weiter auffieseln, käme man natürlich vom Hundertsten ins Tausendste.

closings

Bedanken	*Also dann, vielen Dank. – Bitte schön.*
Quittieren	*Alles klar. – Ok, dann.*
Begründen	*Ich muss jetzt weg. – Also gut.*
Check	*Alles klar? – Alles klar.*
Gute Wünsche	*Ja, dann alles Gute. – Danke.*
Zusammenfassen	*Gut, so machen wir das. – Ja.*
Abschied	*Ciao. – Ciao.*

Einen solchen Verlaufsplan gibt es für alle Gesprächstypen und Phasen. Hier ergibt sich eine gewisse Nähe zu Konzeptionen, die aus der kognitiven Linguistik kommen und das Wissen über bestimmte Situationen, die die Rollen der Beteiligten, den möglichen Verlauf, die Handlungsstruktur mit Begriffen wie frame oder script fassen.

8.5 Exempel: Arzt-Patienten-Gespräch

Anwendungen

Gesprächsanalyse hat viele Bezüge zu gesellschaftlich relevanten und rekurrenten Situationen. Behandelt wurden Arzt-Patienten-Gespräche, Geschäftsverhandlungen, Mediengespräche, Unterrichtsgespräche, Telefongespräche. Das zeigt, dass viele Menschen von solchen Untersuchungen profitieren können und dass sich hier ein für verschiedene Lebensbereiche geeignetes Instrumentarium entwickelt hat. Die Fähigkeit, Gespräche angemessen und effizient zu führen, ist im Alltag extrem wichtig; sie ist aber auch eine Schlüsselkompetenz in vielen Berufen.

Praxisfelder

Die Methoden der Gesprächsanalyse bilden einen Bestandteil der berufsbezogenen Aus- und Weiterbildung:

- Verhandlungsführung für Manager
- Führung von Patientengesprächen für Ärzte
- Vernehmungstechniken für Polizei- und Justizbeamte
- Verkaufstraining für Mitarbeiter im Außendienst
- Führung von Einstellungs- und Entlassungsgesprächen für Personalbeauftragte
- Gesprächsführung für Psychologen und Sozialarbeiter

Darüber hinaus spielt der Erwerb von Gesprächskompetenz eine wichtige Rolle in der Sprachdidaktik – sowohl für die Muttersprache als auch für Fremdsprachen. Ein weiteres Anwendungsfeld der Gesprächsanalyse ist damit angesprochen, die kontrastive Analyse, die Beschäftigung mit dem Zusammenhang von Sprache und Kultur und die Erforschung der Dynamik interkultureller Gespräche.

Arzt-Patient

Gespräche zwischen Ärzten und Patienten sind besonders delikate kommunikative Unternehmungen: Ein Patient redet mit einem eher fremden Menschen über persönliche Probleme, teilweise über intimste Details. Oft verläuft die Interaktion für Patienten unbefriedigend. Das verärgert oder verunsichert sie und führt dazu, dass nicht alle medizinisch notwendigen Details zur Sprache kommen, die verordneten Therapiemaßnahmen nicht ernst genug genommen werden oder andere Störungen auftreten. Konkret fällt Patienten zum Beispiel auf, dass Ärzte zu viel reden und zu wenig zuhören, dass sie in zu hohem Ausmaß Fachsprache verwenden, damit unverständlich werden oder dass sie sich zu wenig Zeit fürs Gespräch nehmen. Oft wird der sachliche Abstand, den ein Mediziner gegenüber den Kunden einnehmen muss, als Mangel an echter Anteilnahme gedeutet.

Training

Mediziner werden als Experten für den menschlichen Körper ausgebildet, weniger in Gesprächskompetenz. In den letzten Jahren wurden verschiedene Kommunikationstrainings entwickelt, die Ärzte in Seminaren und universitären Kursen auf den kommunikativen Teil ihres Berufes vorbereiten sollen. Sie beruhen zum Teil auf Ergebnissen der Gesprächsforschung. Wie kann das gesprächsanalytische Begriffs- und Methodeninstrumentarium genutzt werden?

Phasierung des Gesprächs: Normal ist eine Eröffnungsphase mit Begrüßung, Vorstellung, eventuell Smalltalk und einer Frage, die zur nächsten Phase überleitet (Spranz-Fogaszy 1992). Der erste Teil der Kernphase wäre eine Beschwerdeexploration. Der Patient wird durch gezielte Fragen angeleitet, seine gesundheitlichen Probleme zu schildern. Darauf folgt die Exploration von Therapiemaßnahmen, in der die Notwendigkeit von medizinischen Schritten verhandelt und die Möglichkeiten des Patienten erfragt werden. Den Abschluss der Kernphase bildet die Diagnosephase. Hier wird ein klares Bild von der Krankheit und der Therapie gezeichnet. Es folgt die Gesprächsbeendigung. Wenn der Arzt sich dieser Organisation bewusst ist und den Patienten in metakommunikativen Gesprächsbeiträgen darüber informiert, in welcher Phase sich das Gespräch befindet, wird er die Unterhaltung wahrscheinlich leichter steuern können. Wichtig in Trainings ist die Arbeit an authentischen Gesprächen. Im folgenden Gespräch (Meier 2006, verändert) spricht Gynäkologe (A) mit einer 48jährigen Patientin (P). Es verläuft nicht optimal.

```
01 A: frau korten,
02 P: guten tag
03 A: guten tag frau korten (-) so (.) frau korten ist heute zur
      krebsvorsorge hier;
04 P: =ja und spiralenkontrolle
05 A: spirale wird auch kontrolliert
06 P: weiß ich nicht [wenn] sie
07 A:                [ja]
   P: wenn ich einmal da bin; ((lacht))
09 A: ja; wie lange ist sie drin,
10 P  seit 2002
11 A: die spirale ist seit (.) juli 2007 äh 2002
12 P: =warum fragen sie mich das, ((lacht))
13 A: (-) nochmal einen hormontest machen gucken ob sie überhaupt
      noch verhüten müssen das kann man ihnen definitiv sagen
14 P: ja das haben sie voriges jahr schon gemacht [und da]
15 A:                                             [äh und]
   P: und da haben sie mir gesagt ich muss noch verhüten (.) darum
      hab ich ja die spirale ((lacht))
```

Die Patientin erscheint nicht besonders kooperativ: Sie antwortet auf eine Frage mit einer Gegenfrage (12) und weist den Arzt in (14) darauf hin, dass er eine Untersuchung machen will, die er schon vor einem Jahr gemacht hat. In (15) scheint sie ihren Arzt nicht richtig ernst zu nehmen. Ihr häufiges Lachen kann man so, aber vielleicht eher als Symptom für Verlegenheit deuten. Woran das liegt, ist natürlich schwer erklärbar – wir kennen die Vorgeschichte der beiden nicht. Was man hier sehen kann, ist, dass der Arzt am Anfang des Gesprächs nicht besonders geschickt ist: Die Eröffnungsphase ist sehr kurz, dann spricht er über die Patientin im Übergang zur Kernphase auch noch in der 3. Person, wohl zu einer dritten anwesenden. Das könnte einem entspannten, kooperativen Verlauf abträglich sein.

Möglicher Ansatzpunkt für Trainings ist gemeinsames Nachdenken über verschiedene sprachliche Aktivitäten im Rahmen von bestimmten Sequenzen. Hier ein Beispiel für die Eröffnung der Kernphase.

(1) Entscheidungsfrage	*Sie kommen wegen der Erkältung?*
(2) offene Frage	*Was kann ich für Sie tun?*
(3) rituell offene Frage	*Wie geht es Ihnen?*
(4) inhaltliche Frage	*Was fehlt Ihnen denn?*
(5) offene Aufforderung	*Erzählen Sie mal!*
(6) spezifizierte Aufforderung	*Erzählen Sie mal, was Sie zu mir führt.*
(7) implizite Aufforderung	*Nun, Frau Beller?*
(8) Gestik und Mimik signalisieren Aufmerksamkeit	

Ärzte sollten sich dessen bewusst sein, dass je nach angewendeter Strategie eine bestimmte Antwort zu erwarten ist und dass Strategien in bestimmten Situationen und bei bestimmten Patienten mehr oder weniger geeignet sind. (2) lässt eine offene Antwort zu, bei (3) hat man eine ritualisierte Antwort zu erwarten. Bei (8) kann der Patient beginnen, wie er will. Das kann positiv sein, weil er frei weg über alles sprechen kann, was er auf dem Herzen hat, kann ihn aber auch überfordern.

8.6 Fazit

Fazit

Die Gesprächsanalyse ist praxisnah und empirisch orientiert. Mit pragmatischen Theorien, Begriffen und Methoden untersucht sie sprachliche Handlungen in ihrem konkreten Verwendungskontext. So vermittelt sie neue Einsichten in tatsächliche Kommunikation.

8.7 Aufgaben und Vertiefung

Aufgaben

1. Wählen Sie einen Gesprächstyp aus: Interview, Verkaufsgespräch, Verhandlung, telefonische Notfallmeldung o. dgl. Charakterisieren Sie ihn auf der Grundlage der beschriebenen Eigenschaften.

2. Nehmen Sie ein Interview oder eine Talkshow auf. Versuchen Sie für sich, einen Ausschnitt zu transkribieren. Schauen Sie sich dann ein Transkriptionssystem: Wo könnten Sie etwas verbessern?

3. Erstellen Sie, für einen Gesprächstyp Ihrer Wahl einen Leitfaden zu erstellen, der einem mit der deutschen Kultur nicht vertrauten Menschen helfen könnte, sich in der betreffenden Situation zu orientieren: Worauf soll er achten, was muss er tun, was vermeiden?

Vertiefung

Schwitalla 2006, Henne/ Rehbock 2001. Eine online-Einführung in GAT 2 finden Sie hier: http:// paul.igl.uni-freiburg.de/ gat-to/.

9 Experimentelle Pragmatik

9.0 WarmUp und Lernziele

WarmUp

Testen Sie sich selbst.
Ein Anthropologe auf Expedition in einem fremden Land. Ein Indigener bietet ihm ein Getränk an. Der Anthropologe denkt sich:

1. Besser Peküwa als kein Lewüka.
2. Besser kein Peküwa als Lewüka.
3. Besser kein Peküwa als kein Lewüka.
4. Besser Peküwa als Lewüka.

Welches Getränk – glauben Sie – bietet der Indigene an?

□ Peküwa □ Lewüka □ Weiß nicht

Was würde der Anthroploge vorziehen?

□ Peküwa □ Lewüka □ Weiß nicht

Diesen Test können Sie auch mit anderen machen.

Ziele

In diesem Modul werden wir verhandeln,

- wie empirische Methoden in der Pragmatik anwendbar sind,
- wie die Methoden zu bewerten sind und wie fruchtbar sie sind,
- wie Experimente Fragestellungen zwar nicht unbedingt lösen, aber doch mögliche Antworten einschränken.

9.1 Methoden

DA oder IA?

Klassische Pragmatiker arbeiten meist nach der IA-Methode: Sie bauen auf Intuition und Argumentation. Ihre Analysen bleiben eher Gedankenexperimente, was sie nicht abwertet, liefern sie damit doch die Grundlagen der Pragmatik, die theoretischen Ausgangspunkte für empirische Untersuchungen und sinnvolle Formate für sie. Im Kontrast zur IA-Methode sehen wir die DA-Methode, die auf Daten und Analyse baut.
Daten der Pragmatik wären eigentlich authentische Daten aus authentischer Kommunikation. Aber mit der kommunikativen Wildnis werden wir nicht so leicht fertig. Wie in anderen empirischen Wissenschaften brauchen wir kontrollierte Datengewinnung, die für wohldefinierte Fragestellungen Antworten erlauben.
Anders als in der IA-Methode, die oft auch als armchair-Pragmatik verspottet wird, gibt es für die kontrollierte Datengewinnung verschiedene Verfahren, die noch weiter differenzierbar sind. Für die drei wichtigsten führen wir Beispiele vor:

- Elizitierung,
- Befragung,
- Experiment.

Als Beispiel für Elizitierung nehmen wir ein frühes Projekt zu unterschiedlichen Kommunikationsgewohnheiten von englischen Sprechern, deutschen Sprechern und deutschen Englischlernern (Edmondson et al. 1984). Hier die methodischen Schritte:

Elizitierung

- Vorstrukturierung: 24 kommunikative Konstellationen wurden erarbeitet und zu 24 Situationen verarbeitet.
- Rollenspiele: Die Situationen werden als Rollenspiele inszeniert, aufgezeichnet und transkribiert.
- Auswertung: Das Korpus aus den Rollenspielen wird nach Kriterien der Sprechakttheorie quantitativ ausgewertet.

Als Ergebnisse wurden Einsichten gewonnen wie, dass Englischsprecher die Eröffnungen und Beschließungen öfter mit Routineformeln erledigen als Deutsche, die hinwiederum hier längere Ausdrucksweisen wählen, die auch schon auf das Thema Bezug nehmen. Die Deutschsprecher verwenden weniger indirekte Sprechakte als die Englischsprecher. Außerdem sind bei Englischsprechern reziproke Sequenzen oder Echoformeln üblicher als bei Deutschen und die Deutschsprecher verwenden mehr Aufmerksamkeitssignale (*mhm, aha, ja*) als Englischsprecher. Die Lerner schließlich verwendeten einen restringierten Satz von Ausdrucksweisen und Formeln, konnten nicht elaborierte Höflichkeit beherzigen und sie bevorzugten einfache Strukturen – alles wie erwartet. Aber mit diesen Ergebnissen glauben die Autoren verlässlichere interaktionale Lernmaterialien konzipieren zu können.

Resultate

Solche Projekte stehen und fallen

Methodische Probleme

- mit ihrer theoretischen Fundierung: Welche illokutionären Akte werden ausgewählt? Was wird als illokutionärer Akt gewertet?
- mit den verwendeten Analyseinstrumenten: Transkription, Dialoganalyse, Statistik.
- mit der Bewertung der Ergebnisse: Auf welche Fragen werden Antworten gegeben? In welcher Terminologie gefasst? Wie weit quantifiziert? Wie weit generalisierbar?

Für Befragungen gibt es unterschiedliche Formate:

Befragung

- DCT (Document Completion Test) mit Abwandlungen,
- Fragebogen,
- Tests, besonders multiple choices.

Als Beispiel für Befragungen ein Test (Reboul 2004). Der Selbsttest im WarmUp war Grundlage eines Versuchs, mit dem getestet wurde, wie Probanden mit Implikaturen fertig werden. Das Testarrangement diente zum Entscheiden der Frage: Wird die Implikatur durch Lexeme lokal getriggert oder eher global nach dem Erfassen des gesamten Satzes berechnet? Dazu wurden die Kunstwörter mit Lexemen verglichen. Die zu testende These ist: Getriggerte Implikaturen führen öfter in Sackgassen. Sie erweisen sich als Fehlfährte, wenn das Ganze rezipiert ist. Das Ergebnis sprach für die Globalthese.

Für die entscheidenden Sätze (die anderen waren Ablenkung):

	Frage: Was geboten?	Frage: Was präferiert?
Satz 1	Peküwa 80%	Lüweka 67%
Satz 3	Lüweka 71%	Lüweka 94%

Tests mit Lexemen ergaben die gleichen scores. Also ist die Implikatur an die Vergleichskonstruktion gebunden, nicht an die Lexeme.

Schwächen

Die Vorgaben in solchen Tests ermöglichen kontrollierte Ergebnisse, sie schränken aber die Möglichkeiten drastisch ein. Für die Interpretation der Ergebnisse stellen sich noch viele Fragen, besonders bezüglich der kontrastierten Lexeme: Wie lang sind sie, wie komplex, wie frequent, wie vertraut (Tee vs. Rotwein)? Für die Kunstwörter: Wie gut sind sie phonologisch? All diese Parameter könnten für die Interpretation relevant sein. Außerdem müsste sozusagen die unterschiedliche Komplexität der logischen Struktur rausgerechnet werden. Saubere Tests mit eindeutiger Interpretation sind rar. Sie induzieren ein Nest weiterer Fragen. Und insofern sind sie produktiv.
Ob man dies übrigens als Experiment bezeichnen sollte, lassen wir dahingestellt. Vielleicht haben Versuchsanlagen wie Messen der Lesezeit von Passagen mit Implikaturen, die man in verschiedene Kontexte einbettet, eher experimentellen Charakter oder auch REM-Experimente, in denen die Augenbewegungen beim Lesen (Rapid Eye Movement) erfasst werden.

9.2 Verstehen

Ein Experiment

Wir kennen die eminente Rolle des Verstehens für die Pragmatik. Darum gibt es viele experimentelle Fragestellungen in diesem Feld: Von der Frage, wie verständlich eine Äußerung ist, bis dahin, ob und wie sie überhaupt verstanden wird. Die Grundidee einschlägiger Experimente: Je schwieriger etwas zu verstehen, umso länger brauchen Probanden. Und umgekehrt: Je länger die Probanden brauchen, umso schwieriger ist es zu verstehen, umso mehr mentaler Aufwand ist nötig. Die Latenzzeit ist nun allerdings nicht die Zeit, die das Verstehen dauert. Verstehen ist im Prinzip Verstandenhaben, der Zustand der sich am Ende einstellt. Gemessen wird die Zeit, bis es dahin kommt. Wenngleich öfter von dieser Phase als Verstehensprozess gesprochen wird, sollten wir bei unserer Einsicht bleiben.
Psycholinguistisch wurde die Frage untersucht, wie hoch die Anteile des Wissens und die des Textes beim Verstehen sind, insbesondere, welche Komponente dominant ist. Die metaphorische Vorstellung war: Das Wissen ist präsent und schaut sozusagen von oben auf den einkommenden Text. Man unterscheidet top-down-Modelle, die vom Wissen ausgehen, von bottom-up-Modellen, die vom Text ausgehen.

Für die Pragmatik stellt sich immer die Frage, wie kommt man von der eher vagen Bedeutung des Satzes zum Sinn der Äußerung? Wie wirkt der Kontext mit, der ja im Gedächtnis sein muss. Das war in der Semantik rein auf der langue-Ebene thematisiert in Form der sog. Monosemierung, die nicht auf die pragmatische Frage einging.

top-down vs. bottom-up

Eine experimentelle Untersuchung (Peleg/ Giora/ Fein 2004 hier eingedeutscht) überprüft zwei Thesen:

- Kontextwissen wirkt prozessual und laufend. Was einkommt, wird angepasst. Top-down und bottom-up interagieren ständig.
- Kontextwissen wirkt nach dem bottom-up-Prozess, also postlexematisch.

In der Untersuchung wird die zweite These modifiziert, indem die Bedeutung der Lexeme als binnendifferenziert gesehen wird: saliente Züge (die zugänglicher, zentraler sind oder häufiger vorkommen) und weniger saliente. So wird angenommen, dass beim Lexem *Birne* der Obst-Bedeutungszug salienter sei als der Licht-Zug:

(3) Der Junge stand auf der Leiter. In der Hand hielt er die Birne *.

Das Experiment

In Experimenten werden nun Latenzzeiten ermittelt für Sätze dieses Typs, in denen die Position des Ziellexems variiert wird und somit auch der Vortext und der Kontext.

(4) Der Junge stand auf der Leiter. Die Birne * hielt er in der Hand.

Die Probanden bekamen an der *-Stelle zur Auswahl drei Stimuli gezeigt, die Bedeutungszüge repräsentierten: Obst = salient, Licht = weniger salient, Klatsche = irrelevant. In der finalen Position waren die durchschnittlichen Latenzzeiten geringer, was man so deuten kann, dass mit mehr Kontext die Deutung einfacher wird.

In einem weiteren Experiment wurde der Vortext variiert, sodass die weniger saliente Deutung die angemessenere wird:

(5) Der Junge stand vor der Lampe. In der Hand hielt er die Birne *.

(6) Der Junge stand vor der Lampe. Die Birne* hielt er in der Hand.

Die Latenzzeiten für den Vergleich von (5) und (6) verteilten sich so:

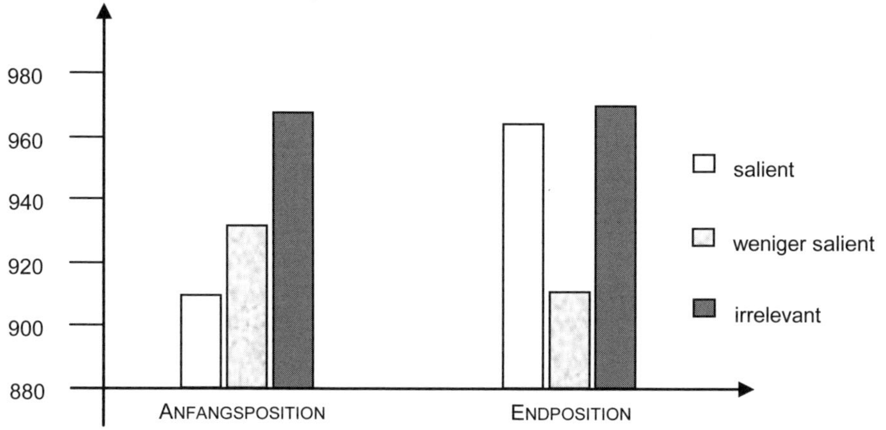

Das besagt: In der Anfangsposition reagieren die Probanden, die den salienten, aber unpassenden Stimulus wählen, schnell. Weniger schnell die, die den weniger salienten, aber passenden wählen. In der Endposition kehrt sich das um und die Wahl des unpassenden, aber salienten Stimulus, dauert sehr viel länger. Wie erwartet ist nun die Reaktion auf den passenden, aber weniger salienten Stimulus viel schneller als für die Anfangsposition. Wer den irrelevanten Stimulus wählt, braucht in beiden Positionen gleich viel Zeit.

Interpretation

Das wird so interpretiert: Für die Endposition ist der Rezipient mit der Rezeption des Vortexts vorbereitet auf eine bestimmte Deutung. Im passenden Kontext kommt die passende Deutung schnell, egal was salient ist. Im Kontrast dazu die Anfangsposition, in der die Rezipienten weniger Kontext haben und entsprechend länger brauchen. Das gilt als Nachweis dafür, dass die kontextuellen Anteile bei der Deutung umso höher sind, je mehr der Kontext einer passenden Deutung dient.

Es heißt aber nicht, dass die lexikalische Vagheit dann nicht mehr zugänglich sei. Sie kann in Jokes zum Beispiel reaktiviert werden:

(7) Der Junge stand vor der Lampe. In der Hand hielt er die Birne.
Dem Vater hatte diese Kohl karikierende Puppe nie gefallen.

Solche Experimente geben nicht nur Antworten, sie werfen auch Fragen auf. Wie viele Probanden haben jeweils den vordergründig passenden Stimulus gewählt? Wie viele Probanden haben den irrelevanten gewählt? Und warum eigentlich? Haben sie sich vertan? War die Aufgabe zu schwer für sie? Konnten sie sich nicht entscheiden? Insgesamt sind solche Experimente kontrolliert, verwenden aber extrakommunikativ eher isolierte Äußerungen.

9.3 Indirekt?

Eine andre Frage, die die Pragmatik beschäftigt, ist Indirektheit. Auch hier helfen empirische und experimentelle Methoden weiter. Eine Frage war, warum Sprecher indirekte Sprechakte den direkten vorziehen und wie sie jene formulieren. In Experimenten wurde die sog. obstacle-These getestet (Gibbs 2004). Häufig werden indirekte Sprechakte gewählt, wenn Sprecher irgendwie den Hörer zu belästigen glauben, und zwar mit Bitten und dergleichen, mit denen sie den Hörer von etwas abhalten, unterbrechen usw. In solchen Situationen antizipiert der Sprecher irgendeinen Grund, der den Hörer davon abhalten könnte, seinen Wunsch zu erfüllen, seiner Bitte nachzukommen usw. So wird etwa abgefragt, ob der Partner etwas kann: *Können Sie mir sagen ...* oder etwas hat: *Hätten Sie noch einen Kuli?*

obstacle-Tests

In einem Versuch bekamen Probanden Situationsschilderungen, die sie um eine Bitte ergänzen sollten, also einen DCT. Die gewählten Formulierungen zeigten meist die Berücksichtigung des obstacles. In der Fortsetzung wurden dann real-life-Situationen simuliert.

Die Probanden befanden sich in der Uni-Bibliothek und machten Notizen. Ihr Kuli schrieb nicht mehr. Sie sollten sich einen vom beschäftigten Nachbarn leihen. 74 Prozent wählten eine indirekte Formulierung, die das obstacle einbezog.

Ergebnis

In entsprechenden Situationsschilderungen haben Probanden adäquate indirekte Äußerungen auch schneller gelesen, obgleich indirekte Äußerungen und solche mit wichtigen Implikaturen generell nicht so schnell verstanden werden wie direkte. Die Sprecher sind aber nicht der Meinung, dass mit ihnen das Implikatierte nicht gesagt sei. Insofern bestätigt sich das Gricesche Modell mit der Unterscheidung von Sagen und Meinen halb und halb nicht.

9.4 Exempel: Sagen und meinen

Korpusanalyse

Mit der Unterscheidung von Sagen und Meinen wird versucht, Semantik und Pragmatik abzugrenzen. Öfter hat man allerdings den Eindruck, als werde dabei eher setzend, gar zirkulär verfahren. Meinen scheint meist im Zusammenhang gesehen mit der Intention des Sprechers und irgendwo im Kopf beheimatet, in den wir aber nicht kucken können. Wo aber soll das Gemeinte manifest und empirischer Argumentation zugänglich sein?

Eine Methode ist die empirische, korpusbasierte Untersuchung: Was jemand gesagt hat, spielt ja eine Rolle in alltäglicher Kommunikation. Was jemand meint, besser: was jemand gemeint hat, wird ebenso in alltäglicher Rede thematisiert und formuliert.

Das Gesagte?

Was gesagt wurde, erkennen wir, wenn gesagt wird, was gesagt wurde. Es kann direkt wiedergegeben werden im Wortlaut. Das bringt uns nicht weiter, vor allem weil die gesamte Situation der Äußerung verloren geht und die Wiedergabe damit unterbestimmt ist. Es kann aber in indirekter Rede wiedergegeben werden. Das könnte uns weiterhelfen. Wie tun wir das? Wir halten uns an die schulische Lehre und die Redewiedergabe in der Form (1) mit Varianten:

(1) A sagte, dass ...

Entscheidend für die Formulierung des Gesagten ist die Perspektive eines Sekundärsprechers, aus der nun gesprochen wird. Der Sekundärsprecher reduziert Indexikalisches und schafft eine eigene Origo. Für die vollständige kontextunabhängige Ausformulierung werden die indexikalischen Ausdrücke durch definite descriptions ersetzt. Damit kommt schon die Deutung des Sekundärsprechers ins Spiel:

(2) „Ich bin nicht beteiligt."
  ☛ Koop sagte, sie sei nicht beteiligt.

(3) „Es gefällt mir hier nicht mehr."
  ☛ Der Chef schreibt, dass es ihm auf Sizilien nicht mehr gefällt.

(4) „In einem Jahr geht es euch besser."
  ☛ Im Jahr 2000 sagte die Kanzlerin, ein Jahr später werde es den Bürgern besser gehen.

Rede-wiedergabe

Auch das Tempus ist betroffen. Derart Transformationen könnte man geradezu so verstehen, ihr Ziel sei, alles Pragmatische aufzufüllen. Schwieriger wird es beim häufigen Ersatz des Indikativs durch den Konjunktiv. Er gilt als Zeichen der indirekten Rede, bewirkt aber Ambivalenz, da man oft nicht weiß, ob der Konjunktiv nicht auch zum Gesagten gehören könnte.

(5) K. sagte, sie würden gerne zustimmen.

Wenn eine neue Origo geschaffen wird mit neuen indexikalischen Ausdrücken, dann wird man in diesem Sinn nicht sagen, das Gesagte sei nun kontextunabhängig erfasst:

(6) K. sagte, er habe nichts gegen Coca-Cola.

(7) K. sagte, dann wäre auch dieser Anteil festzuschreiben.

Für unsere Frage ergeben sich vor allem zwei Probleme.

sagen zu weit

Erstens: Mit dem Redeverb *sagen* können einerseits die Sprechakte nicht spezifisch genug wiedergegeben werden, andererseits können nicht alle Sprechakte erfasst werden. Spezifischere Redeverben könnten aber ohne weiteres – ohne den Test anzukränkeln – verwendet werden, etwa *versprechen* oder *prognostizieren*:

(8) K. sagte, sie werde mit Frankreich darüber sprechen.

(9) K. sagte, die Lage werde sich bessern.

Bei Assertiva klappt die Transformation ganz gut, bei Direktiva aber muss die Proposition modal angereichert werden:

(10) K. sagte, man dürfe dem Finanzausschuss nicht vorgreifen.

(11) K. sagte, sie sollten das Mietrecht vereinfachen und entrümpeln.

sagen zu eng

Fragen allerdings kann man nicht mit *sagen* wiedergeben. So klingt die folgende Redewiedergabe eigenartig.

(12) Ich habe gesagt, ob er das tun will.

Sprechakte ohne propositionalen Anteil sind auf die Weise überhaupt schwer wiederzugeben.

Wenn das Gefragte nicht mit *sagen* wiederzugeben ist, wollen wir dann sagen, dass nicht alles Gesagte mit dem Verb *sagen* zu fassen ist? Oder anders: Die Verwendung von *das Gesagte* und *was gesagt wurde* habe einen unbestimmten Überschuss?

Regress

Zweitens: Wenn das Gesagte wiedergegeben wird, kommt ein neuer Sprecher ins Spiel. Und wenn wiedergegeben wird, was der gesagt hat, ein weiterer. Es führt zu einem infiniten Regress, der zeigt, dass auch Pragmatiker hier nicht zu Ende kommen. Man kann wohl sagen, dass nicht viel dafür spricht, dass wir das Gesagte sicher in den Griff bekommen. Eine Probe wäre, aus der Wiedergabe das Original zu gewinnen. Dass das nicht geht, spricht aber für die Pragmatik.

Verwickelt ist der Gebrauch von *meinen*. Wenn wir korpusbasiert die Verwendungen aufdröseln, erkennen wir, dass die normalsprachliche Verwendung die terminologisierte nicht hergibt. Im Grunde sollte es um Verwendungen gehen wie (13) und (14):

(13) A meint X als Y.

(14) A meint Y mit X.

Häufig sind aber zwei andere Verwendung, die in (15), die in etwa *glauben* entspricht, und die in (16), die mit dem Referieren zu tun hat:
(15) A meint, dass die Bezeichnung Lump für B angebracht sei.
(16) Wen hast du mit *Lump* gemeint?
Eine saubere Ausgrenzung der Typen (13) und (14) gelingt aber nicht. Wichtiger: So gut wie nie wird das Gemeinte ausbuchstabiert, wie es mit dem Gesagten versucht wird. Es geht fast immer darum, dass etwas Gesagtes anders gemeint war. Die häufigsten Kollokate zeigen das (Belica: http:// corpora.ids-mannheim.de/ ccdb/):

Wie gemeint?

> ernst, ironisch, ehrlich, wörtlich, bös, gut, nett, symbolisch, scherzhaft, Kompliment, metaphorisch, Scherz, Drohung, zynisch, witzig, Gegenteil, wirklich , sinngemäß, satirisch, lustig, abfällig, aufrichtig, Witz, doppeldeutig, Lob

Wenn die korpusbasierte Untersuchung keine Stützen liefert, dann sollten wenigstens fruchtbare terminologische Definitionen her. Das wurde bei *sagen* versucht, etwa durch die Beschränkung auf Wahrheitsbedingungen, die allerdings das Gesagte reduziert auf ein Maß, das in unseren Augen völlig ungenügend ist. Oder aber durch die Berufung auf eine konventionelle Bedeutung, die allerdings nur rekursiv weiterführt und von der wir nicht wissen, wo sie endet. Eine Abgrenzung zu *meinen* wird so aber nicht gelingen.

9.5 Fazit

Fazit

Die experimentelle Pragmatik leistet einen wichtigen Beitrag zu empirischen Fragen der Pragmatik. Allerdings ruht sie weitgehend auf vorformatierten Daten, die mehr oder weniger extrakommunikativ gewonnen werden. So kann man fragen, ob sie das Eigentliche erfassen. Aber authentische Daten, die eine korpusbasierte, statistische Untersuchung zuließen, haben wir nicht und die entsprechenden Methoden ebenso wenig.

9.6 Aufgaben und Vertiefung

Aufgaben

1. Was schließen Sie aus den häufigen Strukturen für *meinen*?

> ... jeder wusste ... wer/ was gemeint war
> ... gar nicht so gemeint
> ... nicht ganz ... ernst ... gemeint
> ... gar nicht bös gemeint ...
> Das war ... als Scherz ... gemeint
> ... natürlich eher ironisch gemeint
> Konkret gemeint sind hier ...
> ... weiß ... was damit gemeint ... ist
> ... damit gemeint ... haben könnte
> ... sei ... nicht ... gemeint ... gewesen
> ... alles ganz ... anders ... gemeint

2. Füllen Sie diese Chunks sinnvoll auf:

... als ... Geste gemeint war
... als ... Provokation gemeint
... als Aufforderung ... ernst gemeint
... als Gag ... gemeint war
... als Kompliment ... gemeint
... als Lob ... gemeint
... als Provokation gemeint
... als Satire ... ernst gemeint
... als Scherz ... gemeint
... als Warnung ... gemeint
... als Witz ... gemeint

3. Konzipieren Sie ein kleines Projekt und führen Sie es durch. Testen Sie zwei Gruppen: 6-Jährige und 10-Jährige. Wie verstehen sie Sätze mit der Fokuspartikel *nur*.

Hier sehe ich nur zwei Vögel auf einem Bein.
Hier sehe ich zwei Vögel nur auf einem Bein.
Hier sehe ich zwei Vögel auf nur einem Bein.
Hier sehe nur ich zwei Vögel auf einem Bein.
Hier sehe ich zwei Vögel auf einem Bein nur.

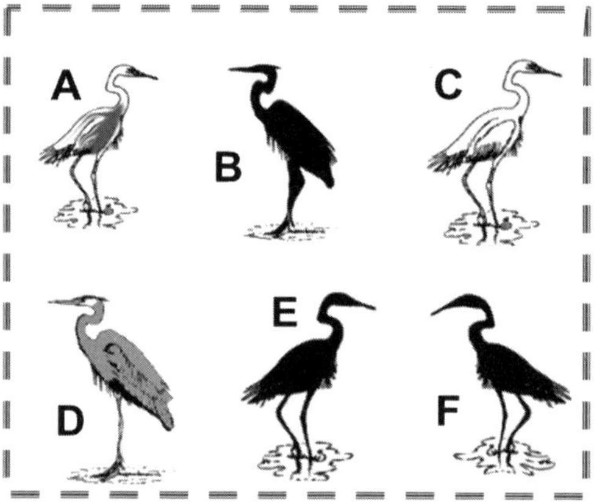

Vergessen Sie nicht: Befragungen sind nicht unproblematisch.

- Sie sind außerkommunikativ, auf Sprachreflexion angelegt.
- Sie laufen mehr oder weniger kontextlos.
- Sie appellieren an die sprachliche Vorstellungskraft.

Vertiefung

Zur Vertiefung Récanati 2004 und dann schnüffeln Sie hier:
http://l2c2.isc.cnrs.fr/fr/teams/RDP/

10 Kontrastive Pragmatik

10.0 WarmUp und Lernziele

WarmUp

Italienische Geschäftsleute berichten regelmäßig von einer unangenehmen Erfahrung, die sie im ersten meeting mit deutschen Partnern machen: Zu Beginn der Besprechung wird ihnen ein Getränk angeboten. Die Gäste lehnen dankend ab. Sie rechnen damit, dass das Angebot wiederholt wird. In Italien erfolgt auf ein erneutes Angebot wieder eine höfliche Ablehnung und beim dritten Mal „ergibt sich" der Gast und akzeptiert. In Deutschland funktioniert das nicht: Gastgeber verstehen meist die erste Ablehnung als ernst gemeint und insistieren nicht weiter. Die Besprechung beginnt und der arme Italiener muss sie ohne Kaffee überstehen. Solche und ähnliche Anekdoten kann jeder erzählen, der sich längere Zeit in einem anderen Land aufgehalten hat. Er spricht zwar die Sprache, aber das genügt nicht. Sprachen unterscheiden sich nicht nur oberflächlich, auch im pragmatischen Bereich gibt es Unterschiede, Unterschiede, die mit der Kultur des Landes zusammenhängen. So könnte man fragen, ob und inwiefern ein Angebot in Deutschland etwas Anderes ist als in Italien, ob Annahme oder Ablehnung eines Angebots anders vollzogen wird, ob es unterschiedliche Höflichkeitskonventionen gibt oder ob solche Rituale einen anderen Ablauf und Stellenwert haben.

Ziele

In diesem Modul sollten Sie einen Eindruck bekommen von
- dem Zusammenhang zwischen Sprache und Kultur,
- methodisch pragmatischer Analyse kultureller Unterschiede.

10.1 Kultur in Sprache

Details und Details

Was hat die Kultur einer Gesellschaft zu tun mit der Sprache, die hier gesprochen wird? Wenn wir als Pragmatiker nach dem Zusammenhang von Sprache und Kultur fragen, sollten wir vielleicht nicht wie Philosophen und Sprachtheoretiker so große Fragen stellen wie: Bestimmt die Sprache die Welt oder bestimmt die Welt die Sprache? Bestimmt unsere Muttersprache die Art und Weise, wie wir denken und die Welt wahrnehmen? Wir sollten uns auf Kommunikation beziehen und unsere Antworten auf Kommunikation basieren. Vielleicht dürfen wir dann die Hoffnung hegen, dass wir auf große Fragen detaillierte Antworten finden.
Alles, was in einer Sprache grammatikalisiert und lexikalisiert ist, sehen wir als Kondensat kommunikativer Lösungen für rekurrente Probleme. Das Grammatikalisierte und Lexikalisierte bildet den default, auf dem wir inferieren, um das Gemeinte zu verstehen.

Unterschiede

- Wenn jemand sagt, wir sollten alles auf Kommunikation basieren, dann können wir auf einer Skala inferieren, dass implikatiert ist, dass wir es nicht sollen oder müssen. Denn das wären die stärkeren Modalverben, die hier eben nicht gewählt wurden.
- Wenn man jemanden duzt, dann tut man das im Deutschen immer – im Gegensatz zu Anglophonen – auf dem Common Ground, dass man ihn nicht siezt. An diesem default kommt man nicht vorbei. Wenn man jemanden ihrzt, so wäre das eine markierte Rede vor dem Hintergrund, dass man ihn weder duzt noch siezt. Wir inferieren, dass etwas Besonderes gemeint sei, ein besonderes Register angetippt wird.
- Wenn wir etwas als blassrot bezeichnen, dann ist das auf dem Hintergrund zu verstehen, dass es nicht rot oder rosa genannt wird (Levinson 2000, 140).

Sedimente

Was sich da im Laufe der Jahrhunderte kondensiert hat, zwingt uns, bestimmte Unterscheidungen immer vorzunehmen und zu kommunizieren. Als Sprecher des Deutschen können wir zum Beispiel nur sehr schwer das Geschlecht der Person unter den Tisch fallen lassen, mit der wir gestern im Restaurant waren. Sprecher des Englischen können vom Abendessen with a colleague erzählen und dabei unausgesprochen lassen, ob es sich um einen Mann oder eine Frau handelte. Den Unterschied zwischen Mann und Frau erkennen sie natürlich trotzdem.

Sprachen können auch als Depot des kulturellen Gedächtnisses analysiert werden. Man erkennt dann, was für eine Sprachgemeinschaft besonders wichtig war und ist, wo Prioritäten liegen. Eine Sprachgemeinschaft, die viele Farbbezeichnungen hat, braucht eben eine leicht handhabbare und mitteilbare Unterscheidung zwischen verschiedenen Farben. Eine kontrastive Untersuchung der Farbbezeichnungen und ähnlichen Phänomenen führt zu Einsichten in die Evolution von Kultur, Gesellschaft und Sprache, bleibt aber zwangsläufig sehr allgemein, weil sie eben nur die Grundlagen entsprechender Kommunikation offenlegt.

Rolle der Pragmatik

Ganz direkt lassen sich kulturelle Besonderheiten und Kommunikationsgewohnheiten beobachten, wenn man Sprachen auf der pragmatischen Ebene vergleicht. Schließlich setzt sich die Pragmatik speziell mit dem Gebrauch von Sprache, mit Sprechhandlungen, Ritualen, Normalitätserwartungen, Konversationsgewohnheiten usw. auseinander. Und in diesem Bereich manifestieren sich kulturspezifische Handlungsmuster deutlich. Wer wann, wo und wie einen Partner zu etwas auffordern darf oder ihm einen Befehl erteilen darf, kann tatsächlich eng damit zusammenhängen, wie die Gesellschaft organisiert ist.

Mit dem pragmatischen Instrumentarium können wir den Zusammenhang von Sprache und Kultur manifest zeigen.

Pragmatik und Kultur

1. Pragmatik untersucht Sprechen als Handeln. Handeln beruht auf Konventionen, die in einer Kultur gültig sind – und es schafft und verändert Konventionen. Sprechhandlungen werden immer ausgeführt im kulturellen Kontext, gleichzeitig prägen sie diesen Kontext und damit die Kultur.
2. Der pragmatische Blick kann erkennen, warum, zu welchem Zweck und in welchem Zusammenhang sich bestimmte sprachliche Strukturen herausgebildet haben. Dies ist das Ergebnis kommunikativen Handelns, nicht seine Voraussetzung.
3. Die Pragmatik untersucht sprachliche Strukturen insofern, als sie kommunikative Relevanz in Handlungskontexten haben. Wenn uns jemand, der eigentlich nicht dazu berechtigt ist, einen Befehl gibt, dann schließen wir daraus etwas über seine Werte, seine Einstellungen, seine Erziehung, seine Kultur.
4. Die Pragmatik eruiert das Wissen, das als gegeben angenommen wird, um den Sinn einer Äußerung zu inferieren.
5. Gebrauchsregeln einer Sprache ändern sich leichter und schneller als die Strukturen selbst. Ein verändertes Wertegefüge im Hinblick auf gesellschaftliche Hierarchien etwa fällt zusammen mit veränderten Kommunikationsgewohnheiten und schlägt sich in den Regeln für den Gebrauch von Anredepronomen nieder. Kultureller Wandel und Wandel im Sprachgebrauch sind zwei Seiten einer Medaille.

10.2 Hotspots und Hotwords

Den Gedanken, dass Sprache und Kultur untrennbar verwoben sind, vertritt vehement Michael Agar. Sein Kunstwort „languaculture" betont, dass das Eine ohne das Andere nicht zu haben ist (Agar 1994, 60). Languacultures sind nicht homogene Nationalkulturen. Es geht um alle sozialen Gruppen, die in der Etablierung kommunikativer Routinen eine eigene Identität entwickeln, auch um intrakulturelle.
Mit diesem Konzept wird es sinnlos zu behaupten, in einer Sprache oder Varietät würden Anredeformen, Höflichkeitsstrategien, Begrüßungsformen oder Entschuldigungsgewohnheiten kulturelle Besonderheiten widerspiegeln. Nein, solche und andere Regelhaftigkeiten in der Kommunikation fallen mit kulturellen Besonderheiten zusammen. Sie sind die languaculture!

Alles heiß?

Stellen, an denen in der Kommunikation Probleme auftreten, an denen die Gesprächspartner sich nicht oder nicht richtig verstehen, nennt Agar rich points: „They happen when, suddenly, you don't know what's going on" (Agar 1993, 106). In interkultureller Kommunikation steht man ständig vor solchen Problemen: Soll man den Gesprächspartner duzen? Soll man als Europäer einer verschleierten Frau in einem arabischen Land zur Begrüßung die Hand geben oder sie gar mit einem Wangenkuss verabschieden? Soll man bei einer Einladung ein Geschenk mitbringen, gar das Preisschild dranlassen?

Rich points enthalten Typisches für eine Sprache und Kultur, sind ideale Ansatzpunkte für kulturkontrastive Untersuchungen mit pragmatischen Methoden. Mit linguistischen Methoden kann man rich points auf verschiedenen Ebenen identifizieren und untersuchen. Wir betrachten zuerst die Ebene der Wörter (Hotwords), später kommunikative Routinen (Hotspots).

Schon oberflächlich betrachtet ergeben sich im lexikalischen Bereich erhebliche Unterschiede zwischen verschiedenen languacultures. Die Wörter für Tiere und der Symbolgehalt der Tiere differieren erheblich. So können Sie sich ausmalen, was kommunikativ passieren kann, wenn Sie das aus einer Kultur deuten.

Nur symbolisch?

	dumm	feige	gewieft	fies	gemein	dreckig
Englisch	Esel	Huhn	Schlange	Hund	Ratte	Schwein
Deutsch	Esel/ Kamel	---	Fuchs	Hund	---	Schwein
Französisch	Esel	---	---	Hund	---	Schwein
Spanisch	Esel	Huhn	---	---	---	Schwein
Arabisch	Esel/ Kamel	Hase	Schlange	Schwein/ Hund	Schwein	Schwein
Farsi	Esel	---	Fuchs	Schwein	---	Hund
Japanisch	Esel	---	Dachs	Ratte	---	Schwein
Afrikaans	Esel	Huhn	Fuchs	Schwein	---	Schwein
Chinesisch	Esel	---	Fuchs	---	---	---
Capverde	Esel	Ente	Schlange	Hund	---	Schwein
Italienisch	Esel	Hase		---	---	Schwein
Hebräisch	Esel	---		---	---	---

Hotwords gewinnen

Noch signifikanter sind Unterschiede bei Hotwords, weil sie oft nur in einer Sprache existieren. Kriterien für ihre Identifizierung sind:

- Die Bedeutung des Wortes lässt sich schwer angeben – auch für Muttersprachler.
- Das Wort ist für L2-Sprecher schwer zu verstehen.
- Mit dem Wort sind strittige Sachverhalte verbunden.
- Das Wort wird von L1-Sprechern als Aspekt ihrer Identität verstanden.
- Das Wort enthält viele kulturspezifische Bedeutungszüge.
- Um ein Hotword zu verstehen, muss man sich intensiv mit der Kultur und Geschichte auseinandersetzen.
- Um ein Hotword zu verstehen, muss man in die Zielkultur eintauchen.
- Die verschiedenen Bedeutungskomponenten bilden ein kulturelles Muster.

Wenn man Hotwords verstehen will, reicht es nicht, im Wörterbuch nachzuschlagen, man muss sie in ihren Gebrauchszusammenhängen anschauen, dann erkennt man ihr kulturspezifisches Potenzial.

Türkische Ehre?

Ein strittiges Wort der letzten Jahren ist „Ehre". Es wird vor allem in Zusammenhang mit sog. Ehrenmorden thematisiert und verweist ganz offensichtlich auf kulturbedingte Unterschiede zwischen Deutschen und Türken. Wenn man davon etwas verstehen will (das ist nicht das Gleiche wie akzeptieren!), dann sollte man sich nicht mit der Aussage begnügen, dass Türken unter Ehre nun mal etwas Anderes verstehen als Deutsche. Man sollte schon etwas genauer hinschauen. Im Türkischen gibt es drei konkurrierende Wörter. Mehr oder weniger lexikalisch erhoben:

- *Namus* (Ehre): zentraler Wert der türkischen Familiengemeinschaft; Integrität, Unantastbarkeit und Unbescholtenheit eines Haushaltes. Man hat Namus, kann es aber nicht erwerben. Wenn man es verliert, dann kann man es nicht zurückerlangen. Es muss also geschützt und verteidigt werden.
- *Saygi* (Achtung, Respekt): ist gradueller Art, kann zu- oder abnehmen. Es regelt das hierarchische Verhältnis, hängt eng mit der sozialen Position eines Individuums zusammen.
- *Seref* (Ansehen): ist keine gesellschaftliche Größe, sondern ein Wert der Männerwelt. Der Träger ist nicht eine bestimmte Person, sondern eine gesellschaftliche Position und die damit verbundene soziale Rolle.

Deutsche Ehre?

Und im Deutschen? Welchen Ehrbegriff haben wir? Gibt es Überschneidungen mit dem Türkischen, relevante Unterschiede, die zu Problemen in der interkulturellen Kommunikation führen können?
Antworten müssen wir nicht der Intuition kompetenter Sprecher überlassen oder einer Befragung. Mit linguistischen Methoden kann man zu wesentlich differenzierteren Aussagen kommen und zu einer belastbaren Grundlage für kontrastive Studien – die damit zu Einschätzungen führen können, die über das Nachbeten von Stereotypen hinausgehen. Wir schauen, wie das entsprechende Wort tatsächlich verwendet wird und was Sprecher damit machen. Linguistische Methoden und moderne Korpustechnologie bieten hier zahlreiche Ansatzpunkte.
Einen ersten Überblick über das Feld der Ehre kann man sich verschaffen, wenn man alle Wörter heraussucht, die die Wurzel *ehr* enthalten. Dabei sieht man sofort, dass es nicht so einfach ist, all das auf einen Begriff zu bringen. Mit einer automatisierten semantischen Analyse kann man gezielt weitersuchen (Belica: http:// corpora.ids-mannheim.de/ ccdb/). Die Distribution von *Ehre* besteht aus Wörtern der näheren Umgebung und hoher Frequenz. So lässt sich die Affinität berechnen, etwa affine Nomen, die näher bei der Wurzel stehen, weil sie häufiger in Kombination mit *ehr* verwendet werden.

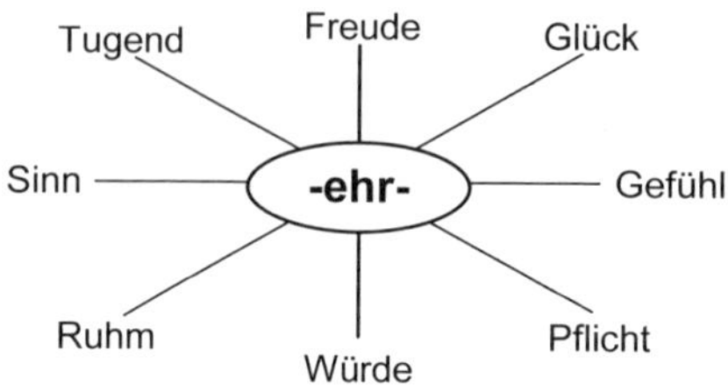

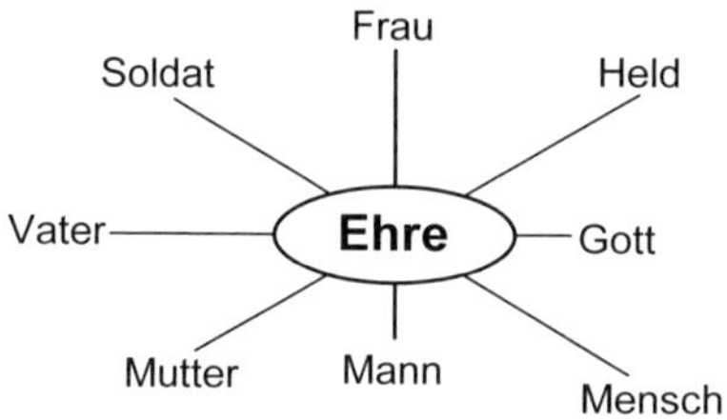

In dieser Sterndarstellung wurden Abstrakta herausgefiltert. Wir sehen in der Grobdarstellung eine Affinität zu *Würde*, *Pflicht* und anderen moralischen Termini, die man selbst genauer analysieren könnte.
Wir zeigen Ihnen ein weiteres Beispiel. Hier ist gefiltert auf Personen. Es soll eine Antwort geben auf: Wen betrifft Ehre? Dabei ist auch der Grad der Affinität berücksichtigt. Am affinsten ist *Gott*. *Mann* ist affiner als *Frau*! Das ist sicher erklärungsbedürftig und schreit geradezu nach einem Vergleich mit anderen Sprachen. Interessant ist auch *Mensch*, das zu tun hat mit Menschenwürde und den Menschenrechten.

Die Sterne kann man erst einmal nutzen, um sich selber über die Verwendung eines Wortes zu vergewissern, der Intuition auf die Sprünge zu helfen und sie empirisch zu untermauern. Man findet so aber auch ziemlich leicht Ansatzpunkte für mögliche Vergleiche mit anderen Sprachen und damit für kulturkontrastive Überlegungen.

10.3 Sprechakte kontrastiv

Ausdrückbarkeit

Searle hat als Philosoph die These der Ausdrückbarkeit formuliert, nach der alles, was gemeint werden kann, auch gesagt werden könne. Er spricht – ein bisschen übertrieben – vom principle of expressability (Searle 1969, 19). Wenn wir etwas verkürzt sagen und mehr meinen, könnten wir es auch ausformulieren. Wenn wir etwas sagen wollen, aber die Sprache, etwa eine Fremdsprache, nicht gut genug beherrschen, könnten wir sie besser lernen. Insofern wäre es ausdrückbar. Ja, selbst wenn die Sprache die nötigen Ausdrucksmittel nicht zur Verfügung stellt, könnte ich die Sprache erweitern („enrich the language") – meint Searle. Aber wie ginge das? Wenn ich es versuchte, würde mich jemand verstehen? Und wäre damit schon die Sprache verändert? Searle denkt offenbar, man könne etwas meinen und ausdrücken, ohne dass es verstanden würde.
Das Prinzip der Ausdrückbarkeit ist in einem Sinn trivial, nämlich in dem Sinn, dass ich nur meinen kann, was ich ausdrücken kann.

Übersetzbarkeit?

Eine andere Deutung des Prinzips wäre, dass es für alles Meinbare eine Sprache gebe, in der es ausdrückbar wäre. Das mag sein. Nur, was würde mir als Individuum das helfen? Ein Kriterium für die Ausdrückbarkeit in jeder beliebigen Sprache wäre, dass man alles in jede beliebige Sprache übersetzen könnte, sozusagen das Prinzip der Übersetzbarkeit als logische Folge des Prinzips der Ausdrückbarkeit. Gilt nun dieses Prinzip? In einem gewissen Sinn ja. Es wird ja von allen möglichen Sprachen in alle möglichen übersetzt. Wird da aber das Gleiche, das gleiche Gemeinte ausgedrückt?

Übersetzer und Übersetzte hegen Zweifel. Ein geflügeltes Wort sieht den Übersetzer als Verräter am Original: traduttore – traditore. Und ganz analog heißt es: ein übersetzt Buch – ein verletzt Buch.

> ... nach dieser Übersetzung ward ich in verschiedene Sprachen übersetzt. Jede dieser Sprachen forderte immer wieder ihre eigenen Abweichungen, und so war ich endlich nicht mehr ich. (Salomon Gessner 1777)
>
> Übersetzer sind als geschäftige Kuppler anzusehen, die uns eine halbverschleierte Schöne als höchst liebenswürdig anpreisen: sie erwecken eine unwiderstehliche Neigung nach dem Original. (Goethe)

Aber Goethe sieht das Übersetzen nicht nur kritisch:

> Denn, was man auch von der Unzulängigkeit des Übersetzens sagen mag, so ist und bleibt es doch eins der wichtigsten und würdigsten Geschäfte in dem allgemeinen Weltwesen.

Übersetzen sollte uns helfen über die Kluft, über den Strom, der uns und unsere Kulturen trennt, muss aber die Fremdheit erhalten: „... so ist gerade die Fremdheit des Fremden das kostbarste dem Übersetzer anvertraute Gut“ (Schadewald). Heidegger versteht Übersetzen nicht mehr nur als ´Übersetzen und Herüberholen, sondern als Hinübergehen in die andere Sprachwelt. Interkulturell geht es nicht darum, die eigene Welt hinter sich zu lassen (going native), sondern beides zu sehen. Interkulturell Gebildete sollten immer bi sein.

Sprechakte kontrastieren

Naheliegend ist, das Prinzip der Ausdrückbarkeit an Sprechakten zu überprüfen:

- Wie viele Sprechakte gibt es überhaupt?
- Gibt es jeden Sprechakt überall?

Naheliegend für Pragmatiker wäre, dazu Sprechakte in verschiedenen Kulturen als Hotspots zu vergleichen. Methodisch wurde das versucht über Analyse von Kommunikationen und über den Vergleich sprechaktbezeichnender Verben. So wird berichtet, dass es in manchen Kulturen bestimmte Sprechakte gar nicht gebe. Bei einem philippinischen Jägervölkchen gebe es keine Versprechen und bei manchen Aborigines könne man sich nicht bedanken (Huang 2007, 120). Das klingt so exotisch wie die jeweiligen Kulturen. Plausibler ist schon, dass Sprechakte in verschiedenen Kulturen unterschiedlich ausgeführt würden. Aber ist es dann noch der gleiche Sprechakt?

Differenzen

Wenn ein Sprechakt anders ausgeführt wird, unter anderen Bedingungen, dann ist es ein anderer Sprechakt. Wenn beispielsweise Japaner sich viel öfter entschuldigen als Europäer, dann ist entschuldigen eben was anderes. Es wäre gerade Aufgabe interkultureller Pragmatik, Unterschiede der Akte und des Common Ground herauszuholen, wenn etwa Gäste nach einer Einladung sich entschuldigen, wo Europäer sich bedanken.

> Einmal in meiner Frühzeit in USA hat mir mein Supervisor einen Gefallen getan. Ich sagte: „Sorry". Darauf er: „Wieso sorry?" Für mich war es nicht einfach, mich bei einem Höhergestellten zu bedanken.

Verlässlicher erscheint die Methode, sprechaktbezeichnende Verben zu vergleichen. Trivial ist, dass jedes Verb in eine bestimmte Sprache gehört. Darum weiter: Hat jedes Verb ein Äquivalent in jeder anderen Sprache? Dagegen spricht viel.

Hotspot

In interkultureller Kommunikation werden gewisse Akte und Sequenzen als besonders heikel angesehen. Es sind Hotspots wie: anreden, begrüßen, sich entschuldigen, kritisieren, widersprechen etwa. Viele von ihnen sind standardmäßig zu beschreiben und sind im Detail verschieden. Ein japanisches Begrüßen geht anders als ein deutsches. Was wäre da gleich? Höchstens ein Standpunkt außerhalb: Was tun Menschen, wenn sie einander begegnen?

Kompliment!

Ein nicht unbedingt lebenswichtiges, aber lehrreiches Beispiel sind Komplimente. Komplimente machen ist kontrastiv gut untersucht (Chen 2010). Es ist ein expressiver Sprechakt, für den man Gelingensbedingungen angeben kann – auch wenn wir kein entsprechendes Verb haben. Es gibt keine Möglichkeit, Komplimente explizit performativ zu vollziehen: „Hiermit mache ich Ihnen ein Kompliment" funktioniert kaum. Schon eher könnte die Äußerung „Kompliment" als solches durchgehen. Anders im Italienischen, wo die Verwendung des Nomens üblich ist, um einem Partner mitzuteilen, dass man ihn, seine Leistung positiv bewertet. Wie bei vielen Sprechhandlungen lassen sich auf der Ebene des Vollzugs schon Unterschiede feststellen: Die wörtliche Übersetzung eines deutschen Kompliments, einer Entschuldigung, eines Dankes oder einer Einladung muss in anderen Sprachen nicht unbedingt die gleiche illokutionäre Kraft haben. In anderen Sprachen verwendet man zu einem analogen Zweck (auch den müsste man für verschiedene Sprachen und Kulturen definieren) andere sprachliche Mittel. Sprechakte werden kulturell unterschiedlich ausgeführt und manche gibt es anderswo wirklich nicht (Huang 2007, 120).
Komplimente werden unterschiedlich beurteilt, sind delikate Sprechhandlungen: Man kann damit leicht ins Fettnäpfchen treten. Sie sehen schon an den gängigen Beurteilungen, was da schiefgehen kann.

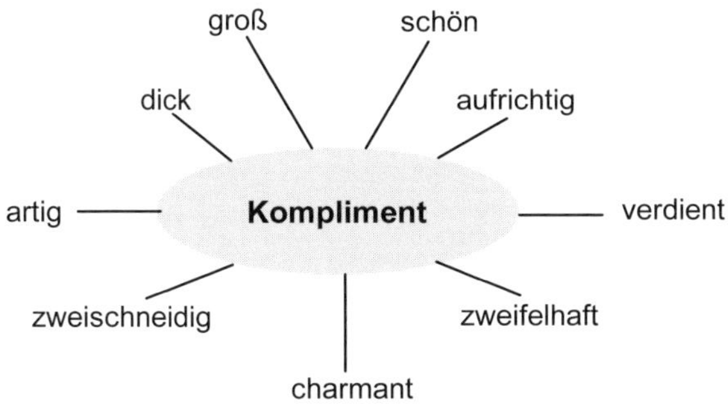

Wer ein greifendes Kompliment machen möchte, sollte eine Vorstellung davon haben, was der Partner für positiv hält und was nicht. Auch im Wertesystem spielt die Kultur eine Rolle: In Kamerun kann man einer Frau angeblich ein Kompliment machen, indem man ihr sagt, sie habe zugenommen. Japaner entschuldigen sich für Handlungen, bei denen uns das nie in den Sinn kommen würde.

Hier zeigt sich ein methodisches Problem: Mit welchem Recht bezeichnen wir solche Handlungen noch als Entschuldigungen? Ist es nicht eurozentristisch gedacht, wenn wir annehmen, eine japanische Sprechhandlung, die in einer Situation vollzogen wird, in der wir uns nicht entschuldigen würden, sei eine Entschuldigung? Vergleichen wir nicht Äpfel mit Birnen?

Erhebungsmethoden

Komplimente wurden mit diversen Datenerhebungsmethoden untersucht. Bei Neuland (2009) mit kritischen Situationen: Probanden haben die Auswahl aus möglichen Reaktionen in einem Fragebogen. Die Antworten werden dann nach sprachlichen und soziologischen Variablen ausgewertet. Herbert (1989) hat Studenten in USA und Südafrika authentische Daten in ihrem sozialen Umfeld sammeln lassen. Sie wurden instruiert, in alltäglichen Interaktionen selbst möglichst natürliche Komplimente zu machen und die Reaktionen festzuhalten. Sie sollten dokumentieren: Sexus der Sprecher, ihre Beziehung, Ort, weitere Beteiligte, das Kompliment, die Reaktion.

Die Vorgehensweise macht Grundannahmen, die zu begründen wären. Was dem Adjazenzpaar vorausging und folgte, wäre für die Deutung wichtig, wird aber nicht erfasst. Was als Kompliment gilt, wurde den Probanden überlassen. Das Ergebnis der Studie ist ein Korpus mit Adjazenzpaaren. Sie werden – geordnet nach Antworten – in Baumdiagrammen dargestellt. Dabei wird nicht nach der Art der Stimuli unterschieden – das macht die Interpretation angreifbar.

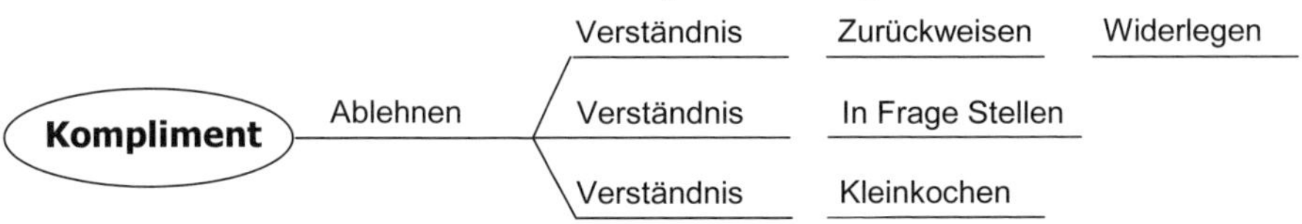

Ein weiterer Unterzweig dieses Baums betrifft das Akzeptieren von Komplimenten wie in den folgenden Beispielen:

(1) K: Schöne Krawatte. — Bedanken
A: Danke.

(2) K: Dein Kleid gefällt mir. — Kommentieren: Akzeptieren
Ich mag es auch sehr.

(3) Dein Kleid gefällt mir. — Kommentieren: Empfehlen
Ich habe es bei H&M gekauft.

Methodische Probleme

Die Zuordnung zu den Klassen ist problematisch; die Antwort in (3) könnte man auch anders klassifizieren – etwa als Versuch der Relativierung durch den indirekten Hinweis auf den niedrigen Preis. Und wie beurteilt man die Möglichkeit, dass ein Zweig des Baumes in einer Kultur gar nicht genutzt wird? Gibt es diese Möglichkeit überhaupt? Und wenn ja, in welchem Sinn wäre Komplimente machen und darauf antworten dann noch gemeinsam und vergleichbar?

32% der US-Amerikaner geben eine akzeptierende Antwort, für Südafrikaner liegt der Wert bei 76%. Das ist sicher ein signifikanter Unterschied. Allerdings müssten die Belege genau dokumentiert sein, damit man die Bewertung nachvollziehen und die sprachliche Form der unterschiedlichen Realisierung sehen kann. Im Hinblick auf die Reaktionen unterscheiden sich Kulturen erheblich (Cheng 2010).

Das erzeugte Korpus ist zu klein für Aussagen über die Frequenz von Handlungen. Man kann auf dieser Grundlage nur vage Hypothesen formulieren. Und: Man sollte sich bei der Interpretation solcher Ergebnisse vor Verallgemeinerungen und vorschnellen Rückschlüssen auf die Kultur hüten. Wenn Franzosen Komplimente signifikant häufiger mit Einschränkungen und Abschwächungen annehmen als US-Amerikaner, dann heißt das nicht, dass Franzosen bescheidener sind und schon gar nicht, dass ein Franzose, der so reagiert, besonders bescheiden ist.

Die Grundeinstellung

Bei der Interpretation wird einem Verfahren gefolgt, das kulturelle und gesellschaftliche Fakten als gegeben annimmt und von ihnen aus erklärt, warum bestimmte Formen von Komplimenten mehr oder weniger häufig vorkommen. So erkläre sich das häufigere Akzeptieren von Komplimenten daraus, dass die südafrikanische Gesellschaft elitärer sei. Daraus folge auch, dass seltener Komplimente gemacht würden, weil Solidarisierungen – oft der Sinn von Komplimenten – nicht angezeigt seien. Das klingt so, als würde man in den Daten Bestätigung für etwas suchen, was man sowieso schon wusste oder zu wissen glaubte. Es berücksichtigt nicht, dass Sprechhandlungen zur Kultur gehören, Teile von ihr sind und zu ihrer Konstitution beitragen. Kommunikative Gewohnheiten sind nicht einfach Ausflüsse einer unabhängig existierenden Kultur, sie folgen nicht aus kulturellen Besonderheiten – sie sind (zu einem guten Teil) diese Besonderheiten.

In der Beschränkung auf Komplimente wird ein wichtiger Aspekt vernachlässigt. Ein Kompliment ist eine Form des Lobes. Wer jemanden lobt, stilisiert sich selber auch als einen, dem so etwas zusteht. Darum kann ein Kompliment für den Adressaten peinlich sein. Das Kompliment schweigend übergehen kann dann eine angemessene Reaktion sein. Weitere Deutungen für Schweigen in diesem Kontext kann rekonstruieren, wer auf die interaktive Einbettung blickt.
So wären diverse Aspekte zu berücksichtigen:

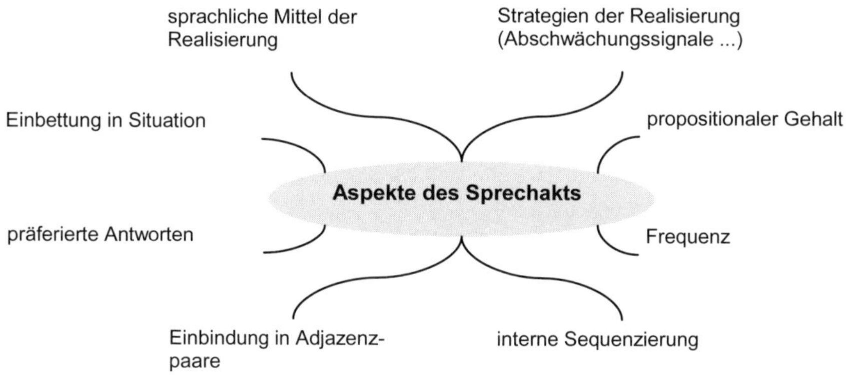

10.4 Exempel: Foren kontrastiv

Hier geht es um zwei Forumstexte aus unterschiedlichen Kulturen. Wir wollen zeigen, welche Ansatzpunkte der kontrastiven Pragmatik geeignet sein können, um daraus kulturspezifische Vertextungs- und Argumentationsverfahren abzuleiten. Es geht nur um Exemplifizierung – jede verallgemeinernde Aussage über die beiden Kulturen wäre auf dieser Grundlage abenteuerlich.

Vergleichen im Detail

Die Texte sind unter verschiedenen Gesichtspunkten vergleichbar: Beide sind im Internet veröffentlicht – einer bei „Spiegel online", der andere beim italienischen Kultursender „Radio Rai3". Es wird ein recht ähnliches Thema diskutiert. Der Thread der deutschen Diskussion lautet „Ist unsere Sprache ein schwerer Pflegefall?" Der italienische diskutiert die Frage „Italiano – una lingua da salvare?" (Italienisch – eine Sprache, die gerettet werden muss?). In beiden Texten wird auf einen Beitrag eines anderen Diskussionsteilnehmers Bezug genommen und eine davon abweichende Meinung geäußert. Beide Beiträge sollen der Meinung eines Partners widersprechen. Sie tun dies aber mit unterschiedlichen Mitteln und Strategien.

22. 09. 2005, 17:53 **#69**

Nevermind

> *Zitat von UlrichZ*
> Ich bin der Meinung, dass es von der Art des Betriebs und der Position abhängt, wie wichtig die Rechtschreibung ist.

Das sehe ich anders.
Kennzeichen einer modernen Gesellschaft sollte sein (und ist): die vollständige Alphabetisierung ihrer Bürger, und dazu gehört eben auch die Fähigkeit, einem bestimmten Standard zu folgen, also auch Rechtschreibung.
Dass eine so genannte „niedrigere" Position die Beherrschung der Rechtschreibung nicht oder nicht unbedingt erfordert, ist eine Ansicht, die ins 18. Jahrhundert passt.
Andererseits nützt natürlich auch die beste Rechtschreibung einer Führungskraft nichts, wenn diese keine Führungsqualitäten und/oder Probleme im Umgang mit Menschen hat.
Wir sollten mehr über das hier gestellte Thema Sprache und weniger über Rechtschreibung reden, dazu gibt es schon ein Forum.

RE: TE: RE
Italiano adio
LUIGIPI - 05/03/2005 00:22

CARO RICCO' sono molto lusingato dal leggere chealmeno su questo forum siamo concordi perche' penso che tu[scusa il tu] sia una persona molto colta forse anche un magistrato e pertanto abituato a essere imparziale sbaglio? Comunque non posso essere d'accordo sulla tua risposta a gigi, perche' non puoi sbrigartela scrivendo che gli italiani erano in altre faccende affaccendati e chiamare in causa mr. Sacchi. le colpe si pagano e si deve riconoscere di aver avuto la colpa e quindi correggere noi stessi per non ripetere gli stessi sbagli saluti deferenti da gigi

Eine wörtliche Übersetzung – soweit das möglich ist:

Lieber Riccò, ich fühle mich sehr geschmeichelt, dass wir wenigstens in diesem forum einig sind, weil ich denke, dass du [entschuldige das du] ein gebildeter mensch bist vielleicht ein richter oder staatsanwalt und deswegen daran gewöhnt unparteiisch zu sein oder? auf jeden fall kann ich deiner antwort an gigi nicht zustimmen, weil du dich nicht damit aus der affäre ziehen kannst zu schreiben, dass die italiener mit anderen dingen beschäftigt waren und herrn sacchi zitieren. die schuld muss gesühnt werden und man muss die schuld anerkennen und sich selber korrigieren um nicht die gleichen fehler zu wiederholen untertänige grüße von gigi.

Kontraste

Im Vergleich fallen sofort pragmatische Unterschiede ins Auge:

- Der italienische Autor verwendet eine Anrede- und eine Grußformel, der deutsche nicht.
- Luigipi spricht seinen Partner mehrmals direkt an, Nevermind verwendet nur ein inklusives *wir*.
- N. verwendet eine explizite Formel zur Äußerung des Widerspruchs, im italienischen Text wird mit Modalverb („kann ich nicht zustimmen") abgeschwächt.

- L. beginnt seinen Text mit einer Würdigung des direkten Adressaten, er macht ihm ein Kompliment und betont so das Gemeinsame. Im deutschen Text findet man nichts dergleichen.
- N. gliedert seine Argumentation klar. L.s Text lässt eher an einen Gefühlsausbruch denken, klingt spontaner.
- Der italienische Autor wird am Ende ironisch („untertänige Grüße"). Dieses Stilmittel verwendet N. nicht.
- L. bringt Fußball ins Spiel, ein Thema, das mit der internationalen Stellung der italienischen Sprache erst einmal nichts zu tun hat: Er greift damit einen Vergleich des Vorredners auf, der den Fußballtrainer Sacchi zitiert hatte.

All dies müsste in einem größeren, repräsentativen Korpus untersucht werden. Dann könnten wir zu Aussagen über kulturspezifische Vorlieben kommen, über die jeweils übliche Art der Strukturierung einer komplexen Sprechhandlung, über Aspekte der Beziehungsgestaltung und die sprachliche Realisierung.

10.5 Fazit

Kontrastive Pragmatik sollte im Kulturvergleich mit empirischem Material beginnen und erst dann zu allgemeineren Aussagen kommen, nicht von stereotypen Vorstellungen über die beteiligten Kulturen (z. B. beziehungsorientiert vs. sachorientiert) ausgehen und dafür Bestätigung suchen. So könnte sie den Grundstein legen für Theorien der interkulturellen Kommunikation.

10.6 Aufgaben und Vertiefung

Aufgaben

1. Sammeln Sie Daten zu einem Hotword: Geschichte, Gebrauch, usuelle Verbindungen usw. Vorschläge: *Heimat, Ordnung, Kiez, Freiheit, Umwelt.* Stellen Sie dar, welche Bedeutung dem Hotword in der languaculture zukommt. Vergleichen Sie mit einer Fremdkultur.

2. Suchen Sie in Diskussionsforen (http://forum.spiegel.de/) Beispiele, in denen es ums Äußern von Dissens geht. Welche Sprechakte werden vollzogen? Wie werden sie realisiert: abgeschwächt, performativ? Vergleichen Sie mit Forenbeiträgen in einer Fremdsprache.

3. Planen Sie ein kontrastives Projekt zu Komplimenten. Erfinden Sie mehrere Situationsbeschreibungen und Redeanlässe, in denen Komplimente gemacht werden könnten. Differenzieren Sie nach Grad der Vertrautheit, sozialem Abstand, situativem Kontext. Führen Sie eine vergleichende Befragung unter deutschen Muttersprachlern und DaF -Lernern aus einer bestimmten Kultur durch.

Vertiefung

Zur Vertiefung wählen Sie einen Artikel aus Trosborg 2010.

11 Interkulturelle Pragmatik

11.0 WarmUp und Lernziele

WarmUp

Die deutsche Gastdozentin G. geht an einem heißen Sommertag über den Campus ihrer chinesischen Hochschule. Eine Chinesin, die ihr begegnet, fragt, ob sie denn nicht friere, was die Dozentin natürlich verneint. Nach kurzer Zeit begegnet ihr eine andere chinesische Bekannte und fragt sie wieder, ob sie denn nicht friere. Wieder verneint sie. Als ihr aber schließlich noch von einer dritten Chinesin dieselbe Frage gestellt wird, ist sie verunsichert und weiß nicht mehr, was sie denken soll.
Hat die Dozentin ein individuelles Problem oder ein kulturelles?

Ziele

In diesem Modul werden wir fragen,

- wie weit pragmatische Erkenntnisse universal und wie weit kulturspezifisch sind,
- wie Menschen disparater Kulturen miteinander kommunizieren,
- ob und wie wir Klüfte zwischen Kulturen überbrücken könnten.

11.1 Kulturell oder universal?

crosscultural vs. intracultural

Wenn Menschen aus verschiedenen Kulturen miteinander kommunizieren, sprechen wir von interkultureller Kommunikation. Im Unterschied zu crosscultural communication und kontrastiver Pragmatik geht es da weniger um Systeme oder Allgemeinheiten als um aktuale Kommunikation. Interkulturelle Kommunikation unterscheidet sich vor allem in drei Aspekten von intrakultureller Kommunikation:
1. Die Beteiligten haben in der Regel verschiedene Muttersprachen. In vielen Untersuchungen wird leider das Sprachproblem ausgeblendet. Die Fachliteratur (meist englisch) setzt oft stillschweigend an, die Kommunikation finde auf Englisch statt.
2. Die Kommunikationsgewohnheiten der Partner sind unterschiedlich. So heißt es oft, in der einen Kultur sei man höflicher oder direkter als in der anderen.
3. Der Common Ground der Partner ist verschieden. Die Fütterung des gemeinsamen Wissens kann sich unterschiedlich vollziehen, weil etwa die kommunikativen Akte etwas anders gedeutet werden.
Das pragmatische Interesse an interkultureller Kommunikation und ihrer Verbesserung könnte vor allem darin begründet sein, dass die Pragmatik ihr Feld ja gerade in den Aspekten 2. und 3. sieht. Wenn aber die Analyse kommunikativ substanziell sein soll, muss sie auf die Äußerungen rekurrieren. Philosophische Überlegungen können nur ein Ausgangspunkt sein.

Das Universelle

Kühne Pragmatiker sehen kulturelle Unterschiede so groß, dass gar das Kooperationsprinzip und die Maximen kulturspezifisch variieren könnten. Die Beispiele dafür sind aber oft so deutungsgeladen oder wenig präzise, dass unsicher erscheint, ob sie wirklich die kühne These stützen. Keenan (Keenan 1976) etwa hat angeführt, dass Malagasy-Sprecher eher die Maxime verfolgen, ihre Redebeiträge uninformativ zu machen, indem sie etwa auf Fragen mit Disjunktionen antworten. Das klingt sehr unwahrscheinlich. Man sollte sich vielleicht eher vorstellen, dass eine Alternative bekannt ist, so dass der Hörer seine Schlüsse ziehen kann. Und wenn die Malagasy angeblich bei Handlungsdarstellungen den Täter weglassen, so tun wir das auch. Auch wir kennen solche Verfahren und kommen dann gerade zum Verstehen, indem wir auf die Maximen rekurrieren.

Ein viel diskutiertes Beispiel ist Höflichkeit. Höflichkeit besteht meist darin, mehr Worte zu machen als eigentlich nötig. Ist Höflichkeit also ein Verstoß gegen die Relevanzmaxime? Wird in Kulturen mit ausgeprägtem Höflichkeitssystem und hoher Höflichkeitsnorm ständig gegen die Relevanzmaxime verstoßen? Nein, irrelevant und uninformativ ist der Höfliche nur vordergründig. Das eigentliche Verständnis – die Höflichkeitsdeutung – ergibt sich nur auf der Folie der Relevanzmaxime. Man weiß, dass nach der Relevanzmaxime eigentlich weniger genügen würde; genau das ist der Grund, die Äußerung als höflich zu verstehen.

Höflich – aber wie?

Dazu genügt nicht die Relevanzmaxime allein. Entscheidend auch,

- dass man weiß, was es heißt, höflich zu sein,
- dass man die Regeln kennt, nach denen Verhalten als höflich gilt.

Gerade kulturspezifische Regeln und Ausführungsbestimmungen ermöglichen es, Verhalten als höflich zu verstehen. Diese Ausführungsbestimmungen mögen unterschiedlich sein, aber die Relevanzmaxime selbst wird davon nicht tangiert.

Eine generelle Ausführungsbestimmung kann sich etwa ergeben, wenn in einer Kultur klar ist, dass, wer meint, er habe etwas Relevantes zu sagen, natürlich davon ausgeht, dass er in dieser Hinsicht dem Partner überlegen ist, weil er etwas weiß oder besser weiß, was der Partner nicht weiß. Gibt es aber in dieser Kultur eine imageschonende Norm, dass man seine Überlegenheit nicht offenbar werden lässt, könnte Zurückhaltung geboten sein. Aber auch dies tangiert nicht die Relevanzmaxime. Der ständige Verstoß gegen die Maximen übersteigt unsere Vorstellungskraft.

Übrigens: Wir sollten keine Theorie anstreben, in der das Fundament der Kommunikation interkulturell in Frage gestellt wird. Damit würden wir Partnern fundamentale Mängel unterstellen, die vielleicht eine Kommunikation grundsätzlich in Frage stellen. Nach unserer Meinung sind die Maximen in der interkulturellen Kommunikation nicht tangiert. Wenigstens sollte man das annehmen, bis zum Beweis des Gegenteils. Die Unterschiede liegen anderswo.

11.2 Kommunikationsgewohnheiten

Du oder Sie?

Ein Hotspot soll das deutsche Duzen im Gegensatz zum Siezen sein. Er wird auch angesiedelt in der sog. Sozialdeixis, eine Spezifizierung der Personaldeixis. Untersucht werden in der interkulturellen Betrachtung öfter T-V-Sprachen, die wie das Deutsche zwischen Duzen und Siezen unterscheiden (T = tu, V = vous). Dass aber deutsches Duzen und französisches tutoyer verschieden sind, sieht man auf Anhieb, weil es im Französischen gar kein Sie-Pendant gäbe.

Pragmatisch betrachtet braucht es hierzu eine detaillierte Darstellung der Gebrauchsweisen der Pronomina. Dazu wurden Kataloge aufgestellt, sogar in Wörterbüchern. Zur Präzisierung deuten wir die Katalogeinträge erst mal als Bedingungen für die Ausführung und das Gelingen des Aktes. Nun ist natürlich Duzen kein selbständiger Akt, sondern ein Teilakt oder erzeugt:

(1) A beleidigt B, indem er sie duzt.

(2) A beleidigt B, indem er äußert „Du Depp" und ihn dabei duzt.

Eine Karikatur?

Was also wären Bedingungen für das Duzen? Normativ formuliert:

A kann B duzen, wenn
- B auch A duzt,
- A und B Mitglieder einer Familie sind,
- A und B Freunde sind,
- A und B Studenten sind,
- A und B Arbeitskollegen sind, sofern sie es vereinbart haben,
- B Gott ist,
- A Erwachsener und B ein Kind oder Jugendlicher (unter ca. 16. Jahren) ist.

Hinzu kommen noch betuliche Ausführungsmodalitäten: Soll auf eine feierliche Art das Du angeboten werden, so trinkt man miteinander „Brüderschaft" und so weiter. Derartige Bedingungslisten sind
- unstrukturiert: Gelten alle? Wie könnte nach der ersten Bedingung das Duzen anfangen? Und wie steht es nach ihr bei Gott?,
- willkürlich: Warum sind Studenten besonders erwähnt?,
- normativ: Wieso ab 16?

Alternativ gab man auch andere, eher unpräzise und metaphorische Formulierungen, etwa um Duzen und Siezen gegenüberzustellen:
- A und B sind sich sozial nahe.
- A und B sind sich sozial nicht nahe.

Unkommunikativ

Im Detail könnte man solche Bedingungen präzisieren. Entscheidend ist, dass so nicht Kommunikation erfasst werden kann. Ja, dass sie so starr die kommunikativen Wirkungen nicht erfassen. Was passiert, wenn man von ihnen abweicht, falls man das überhaupt kann?

Im Garfinkeling, in kleinen kritischen Experimenten wird das interkulturelle Märchen kleingekocht, es sei im Deutschen furchtbar schlimm, wenn man sich nicht an diese Etikette hält.

Die Partner reagieren kommunikativ. Garfinkeling

> Geburtstag bei der Oma. Dabei auch entferntere Verwandte und Bekannte. Ich spreche zur Cousine der Oma, die ich einmal im Jahr zum Geburtstag sehe. „Hallo Frieda, wie geht es Ihnen? Wir haben uns ja schon lange nicht mehr gesehen." Reaktion lachend: „Du kannst ruhig du zu mir sagen, Mädchen!"
> Als meine Schwägerin vom Einkaufen zurückkam, fragte ich sie: „Als ich gekommen bin, waren Sie da im Supermarkt?" Sie antwortet lächelnd: „Ja, aber ich alleine."

Nein-Sagen

Interkulturell brisanter sind Akte wie verneinen, widersprechen, ablehnen. Sie hängen mit dem Ja-und-nein-Sagen zusammen. Der Sinologe Vermeer (1989, 43) stellt kulturelle Unterschiede beim Dolmetschen in chinesisch-deutschen Verhandlungsgesprächen dar:

> Chinesen sagen ungern definitiv ‚Nein', und man sollte sie daher auch nicht dazu zwingen, denn es lässt sich schwer, und dann nur unter empfindlichem Gesichtsverlust, rückgängig machen. [...] Wenn der Deutsche ‚Nein' sagt, dolmetsche ich: wir werden darüber nachdenken; sagt er ‚auf keinen Fall', formuliere ich: es könnte sein, dass diesbezüglich Probleme auftreten. Wenn ich einen Chinesen etwas frage und er antwortet „ich bin mir nicht ganz sicher", so weiß ich, dass er nicht die geringste Ahnung hat.

Das sind Beobachtungen aus der Praxis und Heilmittel des Übersetzers. Aber heilen die Mittel wirklich? Vermeidung von Missverständnissen durch Weglassung oder Umdeutung? Oder Anpassung des Gesagten an den eigenen Horizont?

11.3 Critical Incidents

In der Interkulturellen Kommunikation lassen sich viele von der Idee leiten, man könne eine Kultur so detailliert beschreiben, dass, wer die Beschreibung kennt, mit ihr zurecht kommt, ohne anzuecken. Aber wie viel wäre das? Ein anderer Ansatz wird mit Critical Incidents (CI) verfolgt. In der CI-Methode werden Episoden erhoben, in denen zwischen interkulturellen Partnern Probleme aufgetaucht sind. Es geht um die einzelne Person und den einzelnen Fall. So ein Incident kann detailliert erfasst und analysiert werden, sollte aber nicht voreilig generalisiert werden.

CI-Methode

Ausgangsthese: Handlungsweisen in verschiedenen Kulturen differieren. So kommt es zu CIs, wenn ihre Teilhaber in Kontakt treten. Es entstehen Missverständnisse und Konflikte. Sie haben Erlebnisse,

- in denen die Begegnung einen unerwarteten Verlauf nimmt für einen Partner oder für beide,
- wo die Partnerreaktionen mit vertrauten kulturellen Schemata nicht mehr zu verstehen ist und
- der Partner auf die eigenen Handlungen nicht adäquat reagiert.

Ein CI kann ein Erlebnis in dieser Form darstellen.

Leberschmerz
Die 52jährige türkische Fabrikarbeiterin Y. kam vor 18 Jahren nach Deutschland. Sie liegt seit vier Tagen zur Beobachtung im Krankenhaus. Sie hat erst ihren Hausarzt, dann einen Internisten und einen Gynäkologen konsultiert, außerdem ließ sie sich bei ihrem letzten Aufenthalt in Istanbul von einem „berühmten Arzt" untersuchen und medikamentös behandeln. Nach der Rückkehr ging sie drei Monate beschwerdefrei ihrer Arbeit nach. Dann fingen die Symptome wieder an, ein junger Internist veranlasste die Einweisung ins Krankenhaus. Sie klagte über Oberbauchbeschwerden, ihre Leber sei nicht in Ordnung, sie könne die körperlich beschwerliche Arbeit in der Fabrik nicht mehr ertragen. Die Untersuchung ergab keinen gravierenden Befund außer etwas zu niedrigem Blutdruck und körperlicher Auszehrung von schwerer Arbeit und sechs Geburten. Die Ärzte halten dies für ein typisches „Gastarbeiterfrauensyndrom" mit „hypochondrischer Fixierung". In der Türkei verschwinden die Symptome.

CIs werden schnell, vielleicht vorschnell didaktisiert. Dabei wird dann eher auf allgemeine Regularitäten fokussiert als auf den individuellen Fall und individuelle Konsequenzen aus seiner Betrachtung. Für didaktische Zwecke sichtet man eine Sammlung von CIs auf ihre didaktische Eignung für bestimmte Lernziele, selegiert und systematisiert sie entsprechend dem Vorverständnis und arrangiert sie in der Struktur des geplanten Trainingsprogramms. Man entwirft zu jedem CI ein Multiple Choice, das alternative Deutungen bietet. Dazu werden je Critical Incident vier Antworten erzeugt, die aus der Lernerperspektive als möglich erscheinen, drei sind aber falsch. Der Programmkonstrukteur entscheidet dabei nach eigenen Kriterien oft vordergründig, welche Lösung die richtige sein soll.

Methodische Defekte

Wir sollten die Schwächen sehen: Gängige Critical Incidents sind Erzählungen, oft Nacherzählungen. Erzählungen haben einen Aufbau und eine konventionelle Form. Beides ist erst einmal kulturgeprägt. Beides bestimmt den manifesten CI. Er könnte etwa so erzählt sein, dass er eine Pointe, einen Höhepunkt enthält. Das könnte gefordert sein durch die Erzähltradition. Er könnte eine orientierende Einleitung und einen Moral bietenden Schluss enthalten.

Erzählungen haben einen Erzähler. Der Erzähler verbindet eine Intention mit seiner Erzählung. Er möchte von seinem Hörpartner Teilnahme und Rat vielleicht, möchte den Fall über die Erzählung bewältigen oder klären. Er möchte sich in der Erzählung rausstreichen, der King, der Kluge sein und so weiter.

Ein Nacherzähler ist nur ein weiterer Erzähler, auch wenn es ein Forscher ist. Am Anfang müsste eigentlich eine Ich-Erzählung stehen. Also immer, wenn dies nicht der Fall ist, sollte man aufpassen, besonders wenn der Nacherzähler sich hinter einem objektiv klingenden Bericht versteckt – wie im Fall „Leberschmerz".

Viele kritische Incidents sind nicht belegt und nicht überprüfbar dokumentiert. Statt den authentischen Texten bekommen Nutzer wie Kritiker nur Übersetzungen und Bearbeitungen.

Ein CI liegt immer vor in Form eines abgeschlossenen Textes. In ihm ist nur zu finden, was drinsteckt. So braucht ein Lerner das Bewusstsein, was wirklich dasteht und was er interpretierend hinzutut, zum Beispiel, was es im Türkischen mit der Leber auf sich hat. Jede reale Situation ist um ein Vielfaches komplexer, als es ein beschriebener Incident je sein könnte. Wir füllen sie im Geiste auf, aber mit spezifischem Wissen. Im realen Erleben kann ein Lerner persönlich reflektierend Neues entdecken, etwas, was ihm vorher entgangen ist, etwas, was er vergessen hat, was ihm unwichtig erschien. Das bietet ein größeres Potenzial für interkulturelles Lernen.
Erzählungen haben nur einen Erzähler. Die anderen Beteiligten bleiben stumm. So bleibt gerade ihre Perspektive im Dunkeln. In der Kommunikation ist aber das gemeinsame Wissen entscheidend. Da kommen wir so nicht hin.

Authentisch?

Für eine seriöse Feldforschung dürften sich die Beobachter nicht auf Berichte stützen. Sie müssen beim Incident selbst dabei sein und in direkter Beobachtung arbeiten. Für eine pragmatische Analyse sind die erhobenen CIs nicht voll geeignet, weil auf Authentizität kein Wert gelegt wurde. Die CI-Didaktik schafft Wissen auf Vorrat. Wie es kommunikativ eingreift, bleibt ungewiss. Für eine fruchtbare pragmatische Analyse interkultureller Kommunikation brauchen wir authentische Incidents.

11.4 Authentische Incidents?

Indirekt

Eines der großen Themen der Interkulturellen Kommunikation ist Höflichkeit, insbesondere Direktheit und Indirektheit. Ihr Zusammenhang wird gewöhnlich so gesehen: Wenn man etwas sagen will, was das face oder image des Partners bedrohen könnte, so sagt man es höflich, nicht direkt, sondern eher so, dass es nicht offen zu Tage liegt. Das eigentlich Gemeinte muss dann aus dem Gesagten erschlossen werden. Das schafft Deutungsspielraum.
Die Muster für dieses Erschließen variieren stark von Kultur zu Kultur – so die Annahme. Da es aber solche Muster gibt, kann man auch fragen, in welchem Sinn die Äußerung dann noch indirekt ist. Die Annahme, dass in manchen Kulturen Indirektheit häufiger sei als in anderen, wird sogar großkulturell verwendet, um sog. High-Context -Kulturen, in denen implizites Sprechen insgesamt verbreiteter sei, zu unterscheiden von Low-Context-Kulturen, in denen man expliziter zur Sache geht. Entgegen voreiliger Generalisierung zeigen detailliertere Untersuchungen, dass die Häufigkeit der Anteile vor allem je nach Verwendungssituation variiert. Griechen etwa sprechen in Situationen, in denen das Verhältnis der Partner von geringer sozialer Distanz geprägt ist oder die Partner sich als gleichgestellt sehen, wesentlich häufiger indirekt als Deutsche. Das Verhältnis kehrt sich um, wenn der Sprecher von einem Autoritätsverhältnis ausgeht.

Indirekt

Indirektheit spielt besonders bei direktiven Sprechakten eine Rolle. Dazu ein lehrreicher Fall, in dem nicht ein einzelner Sprechakt indirekt verstanden wird, sondern die Folgerung aus einer ganzen Passage gezogen wird.

A: Your daughter has started taking piano lessons, hasn't she? I envy you, because you can be proud of her talent. You must be looking forward to her future as a pianist. I'm really impressed by her enthusiasm - every day, she practices so hard, for hour and hours, until late at night.
B: Oh, no, not at all. She is just a beginner. We don't know her future yet. We hadn't realized that you could hear her playing. I'm so sorry you have been disturbed by her noise.
(Ting-Toomey 1999: 101)

Gegenüber einer gängigen CI-Erzählung ist dies ein Fortschritt, weil die dialogische direkte Rede erhalten ist. Allerdings sehen wir sofort, dass wir es nicht mit einem authentischen Transkript zu tun haben. Eine didaktische Erfindung? Über die Entstehung erfahren wir an Ort und Stelle nichts Genaueres. So wachsen unsere Zweifel.
Ein häufig genutztes Muster der Indirektheit ist die Abschwächung. In indirekten Sprechakten ein Modalverb (*Können Sie* ...) oder Konjunktiv (*Könnten Sie* ...). Andere Mittel sind sog. downgrader oder auch Untertreibung. In folgender Aufzeichnung können wir detailliert sprachliche Aktionen und Reaktionen untersuchen, wenngleich das Transkript noch nicht die größte Elaboriertheit zeigt.

Echte Transkripte

```
1  S: we have to write a program that scores bowling right?
2  T: mhm
3  S: the game of bowling And he wants us to be able to put in like
      how many pins
4     Well do you know how to score the game?
5  T: Yeah approximately
6  S: OK cause he has a little thing that tells you how
      ((shows pages on handout)) see I don't know how to score
7  T: Oh you don't know how to score the bowling game?
8  S: unhuh I'm like just I've played Like I've scored a couple
      of times but I'm not too good on it (Tyler 1995: 149)
```

Hier reagiert in turn 5 der koreanische Tutor T ganz bescheiden (vielleicht didaktisch?), möglicherweise um das amerikanische face des S(tudenten) nicht zu bedrohen. Denn später weiß er ja Bescheid.

Unvollständig

Dass Transkripte auch prinzipiell eingeschränkte Darstellungen sind, zeigt das folgende Beispiel aus einem Laden in Singapur.

```
1  J: Have you got any more stamps, 100 thirty-cent stamps?
2  S: No more, come back after 5 o'clock.
      ((J returns later at 5.15 pm and asks again for the stamps))
3  S: Come tomorrow.
4  J: But you told me to come after 5, and I've come.
5  S: Still not here.
      ((S 1 checks with another sales person at the back))
6  S: Come tomorrow.     (Lee-Wong 2002: 84)
```

Der chinesische Verkäufer reagiert in 2 und 3 brutal direkt. Vor allem nach der – in unseren Augen berechtigten – Vorhaltung von J bleibt er in 5 und 6 bei seiner lapidaren Ausdrucksweise. Das könnte seiner restringierten Englischkompetenz zuzuschreiben sein. Eine andere Vermutung: Scham und Bedauern zum Ausdruck bringen kann man auf unterschiedliche Weise und in verschiedenen Kulturen sehr unterschiedlich. Möglicherweise hat der Verkäufer durchaus sein Bedauern ausgedrückt, durch ein Senken des Blicks, eine Demutsgeste, die in China verbreitet sein soll und die auch wir unseren Kindern beibringen wollen. So etwas entgeht dem Transkript.

Doch direkt?

Das Problem der interkulturellen Pragmatik bleibt die Datenlage. Authentische Kommunikationen sind nicht in genügender Menge dokumentiert. Selbst wenn man ein riesiges Korpus hätte, wäre es noch eine große Arbeitsleistung, kritische Stellen zu finden und zu selegieren. Die Analyse und Darstellung wird so differenziert, dass sie oft nicht mehr lehrreich, sondern eher langweilig sind. Befasst sich die interkulturelle Pragmatik darum öfter mit Allgemeinheiten?

11.5 Exempel: Übersetzungslawine

Dieser Text war der Input zu einer Übersetzungslawine.

> In der Interkulturellen Kommunikation ist man im Nachen auf hoher See. Navigation gibt es da wenig. Gefahren aber genug. Da lauert als Scylla: Der naive Optimismus, dass mit gutem Willen auch die Interkulturelle Kommunikation funktioniert. Schließlich sind wir doch alle Menschen. Und auf der anderen Seite Charybdis, die insinuiert, dass man sich eben gut vorbereiten muss und möglichst viel über fremde Kulturen wissen sollte. Das ist sicherlich nicht schlecht, aber im Sturm versagt oft genug das Navigationssystem. Dann muss man spontan gut reagieren auf neue, unberechenbare Situationen. Sonst gerät man eben doch in die Fangarme der Scylla oder geht im tiefen Strudel der Charybdis unter.
>
> Ja, und selbst wenn man dieses Abenteuer bestanden hat, ist man noch nicht der Gefahr der Stereotypisierung entronnen. Wir modeln uns die anderen doch nach unserem Bilde.

Der Text wurde über 10 Stationen übersetzt: Vom Deutschen ins Arabische, vom Arabischen ins Deutsche und so fort. Das Ergebnis:

Die Stationen

> Im Rahmen des Dialogs zwischen den Kulturen findet man sich als Seemann, der das Schiff in Mitte eines unendlichen Meeres zu einer nicht spezifischen Richtung fährt, die ihn vielleicht zu unerwarteten Gefahren bringt. Für einige ist es so, dass wir dank unserer gemeinsamen Menschlichkeit wie die starken Wellen gleich sind. Dies ermöglicht uns dann, einen kulturellen Dialog zu halten. Während für andere man voll bereit sein muss, andere Kulturen zu lernen.

Es könnte erscheinen, dass alles in Ordnung ist, bis der Hurrikan passieren würde. In diesem Fall würde das System die Kontrolle verlieren, so muss man mit diesen Situationen spontan umgehen, sonst würde er nicht imstande sein von dem Sturm, der die Katastrophe führt, zu überleben. Selbst wenn man im Vorbeigehen dieses Abenteuers erfolgreich ist, ist vermutlich, dass der Verlust des Vertrauens in Führungspositionen in anderen, ähnlichen Situationen möglich bleibt.

Diagnose

Wo erkennen wir Defekte? Können wir verallgemeinern?

- Seltene Wörter verschwinden oder gehen ihrer Assoziationen verlustig. Im Deutschen sind sie mit Bedacht gewählt. Das verliert sich bei *Nachen* und bei *modeln*.
- Kultureller background geht verloren. Scylla und Charybdis sind ganz weg.
- Idiome, Anspielungen sind nicht reproduzierbar. Das moderne Navi ist verschwunden.
- Der Textaufbau wird ignoriert. Die Kontrastierung kommt nicht mehr raus. Ist das der Satz-für-Satz-Übersetzung geschuldet?

11.6 Fazit

Fazit

Für die interkulturelle Pragmatik stellt sich ständig die Frage, was in Kommunikation universal und was kultursensitiv ist. Pragmatische Untersuchungen bräuchten viel Datenmaterial. Darüber verfügen wir (noch?) nicht. Darum greift man für die Praxis zu Behelfen.

11. 7 Aufgaben und Vertiefung

Aufgaben?

1. Zum WarmUp: Ihr Erlebnis hat die Dozentin gewiss erst aufgeschrieben, nachdem sie ein Verständnis entwickelt hatte. Suchen Sie Indizien dafür im Text. Wie deuten Sie übrigens die dreifache Frage?
□ G. war zu offen angezogen □ Chinesen empfinden Kälte anders.

2. Nehmen Sie nur den Output der Übersetzungslawine. Machen Sie daraus einen gefälligen deutschen Text, ohne das Original zu konsultieren. Vergleichen Sie am Ende.

3. Sie hören den Vortrag eines Wissenschaftlers aus einem Land, dessen Sprecher nach Ihrer Meinung wenig kommunikative Zurückhaltung zeigen, die oft vorlaut sind und aggressiv diskutieren. Der Vortragende spricht über Dinge, von denen Sie oft mehr verstehen, ja er sagt sogar Falsches. Sollen Sie ihm in der Diskussion offen widersprechen? Oder sollen Sie schweigen? Würden Sie redend nicht sein Image verletzen? Und indem Sie das tun, vielleicht auch Ihres?
Was würden Sie tun? Argumentieren Sie auf dem Hintergrund der Relevanzmaxime und geltender Ausführungsbestimmungen.

4. Besprechen Sie diese Konstellationen oder schreiben Sie eine kurze Antwort auf.

Konstellationen

In A.s Kultur spricht man langsam und bedächtig, man sagt nur das Nötigste, macht längere Pausen.	In B.s Kultur gibt man sich sehr kommunikativ, man redet viel und schnell, unterbricht leicht.
A und B im Gespräch. Was wird passieren?	

In A.s Kultur beginnt immer der Ältere ein Gespräch.	In B.s Kultur kann jeder wahllos beginnen.
A und B treffen zusammen. B ist der Ältere. A möchte eine Auskunft. Was wird passieren?	

In A.s Kultur geht man zurückhaltend in ein Gespräch. Man wartet ab, worüber der Partner reden will.	In B.s Kultur setzt man bestimmte Topiks und geht davon aus, dass auch der Partner Topiks vorschlägt.
A und B treten in Gespräch. Was wird passieren?	

In A.s Kultur geht man zurückhaltend in ein Gespräch. Man wartet ab, worüber der Partner reden will.	In B.s Kultur setzt man bestimmte Topiks und geht davon aus, dass auch der Partner Topiks vorschlägt.
A und B treten in ein Gespräch. B weiß, dass man in A.s Kultur zurückhaltend in ein Gespräch geht. Was wird passieren?	

In A.s Kultur redet man erst ausführlicher miteinander, wenn man sich kennt.	In B.s Kultur redet man miteinander, um sich kennen zu lernen.
A und B begegnen sich zum ersten Mal. Was wird passieren?	

A ist gewohnt sich selbst darzustellen, sich ins rechte Licht zu rücken.	B hält es mit bescheidenem Auftreten, präsentiert sich eher zurückhaltend.
A im Vorstellungsgespräch beim Personalchef B. Was wird passieren?	

A ist gewohnt sich selbst darzustellen, sich ins rechte Licht zu rücken.	B hält es mit bescheidenem Auftreten, präsentiert sich eher zurückhaltend.
B im Vorstellungsgespräch beim Personalchef A. Was wird passieren?	

5. Aus einem Buch mit Ratschlägen zum Umgang mit Muslimen:

> Kontroverse Themen über den Vorzug einer gegenüber der anderen Religion sollten Sie unbedingt vermeiden.
>
> Wenn Muslime untereinander sich kritisch über ihre Religion äußern, sollte man nicht eingreifen.

Was halten Sie von solchen Ratschlägen? Was wären die Folgen ihrer Befolgung?

Zur Vertiefung: Heringer 2010, Kap. 8.

Vertiefung

Literatur

Agar, Michael (1994): Language Shock. Understanding the Culture of Conversation. New York

Atlas, Jay D. (2005): Logic, Meaning, and Conversation. Semantical Underdeterminacy, Implicature, and Their Interface. Oxford

Austin, John L. (1962): How to Do Things With Words. Oxford. Dt. Übersetzung (1972): Zur Theorie der Sprechakte. Stuttgart

Bausch, Karl-Richard/ Königs, Frank G./ Kogelheide, Rainer (Hgg.) (1986): Probleme und Perspektiven der Sprachlehrforschung. Frankfurt/M.

Bever, Thomas/ Katz, Jerrold J./ Langendoen, Terence (eds) (1975): An Integrated Theory of Linguistic Ability. New York

Brinker, Klaus/ Antos, Gerd/ Heinemann, Wolfgang/ Sager Sven F. (Hgg.) (2001): Text- und Gesprächslinguistik. Ein internationales Handbuch zeitgenössischer Forschung. 2 Bände. Berlin/ New York (HSK 16)

Brinker, Klaus/ Sven F. Sager ([4]2006): Linguistische Gesprächsanalyse. Eine Einführung. Berlin

Bublitz, Wolfram (2001, [2]2009): Englische Pragmatik. Berlin

Busse, Dietrich (2009): Semantik. Paderborn

Bühler, Karl (1934): Sprachtheorie. Die Darstellungsfunktion der Sprache. Jena

Clark, Herbert H.(1979): „Responding to Indirect Speech Acts". In: Davis (ed.), 199-230. Zuerst in: Cognitive Psychology 10, 430-477

Clark, Herbert H./ Bangerter, Adrian (2004): „Changing Ideas about Reference". In: Noveck/ Sperber (eds), 25-49

Cole, Peter/ Morgan, Jerry (eds) (1975): Syntax and Semantics, vol. 3, New York u.a.

Coleman, Linda/ Kay, Paul (1981): „Prototype Semantics: The English Verb ‚lie'". In: Language 57, 26-44

Cummings, Louise (2010): The Pragmatics Encyclopedia. Abingdon

Davis, Steven (ed.) (1991): Pragmatics. A Reader. Oxford

De Saussure, Ferdinand (1972): Cours de linguistique générale. Edizione critica a cura di T. de Mauro. Paris

Edmondson, Willis/ House, Juliane/ Kasper, Gabriele/ Stemmer, Brigitte (1984): „Learning Pragmatics of Discourse. A Project Report". In: Applied Linguistics, Vol. 5, 113-127

Ehrhardt, Claus/ Neuland, Eva (2009)(Hgg.): Sprachliche Höflichkeit in interkultureller Kommunikation und im DaF-Unterricht. Frankfurt/ M.

Fiehler, Reinhard/ Sucharowski, Wolfgang (Hgg.) (1992): Kommunikationsberatung und Kommunikationstraining. Opladen

Fillmore, Charles (1997): Lectures on Deixis. Stanford

Fritz, Gerd/ Hundsnurscher, Franz (Hgg.) (1994): Handbuch der Dialoganalyse. Tübingen
Gazdar, Gerald (1979): Pragmatics: Implicature, Presupposition, and Logical Form. New York
Gibbs, Raymond W. Jr. (1994): The poetics of mind. Figurative thought, language, and understanding. Cambridge
Gibbs, Raymond W. Jr. (2004): „Psycholinguistic experiments and linguistic pragmatics." In: Noveck/ Sperber (eds), 50-71
Glucksberg, Sam (2004): „On the Automaticity of Pragmatic Processes: a Modular Proposal". In: Noveck/ Sperber (eds), 72-93
Grein, Marion (2008): „Der Sprechakt des Kompliments im interkulturellen Vergleich". In: Grein (ed.), 15-32
Grein, Marion (2008) (ed.): Dialogue in and between different cultures. iada.online.series, vol 1/08: http://iada-web.org/download/ iada.online.series_volume01.pdf
Grice, H. Paul (1967): „Logic and Conversation". In: Cole,/ Morgan (eds), 41-58. Hier zitiert aus: Davis (1991) (ed.), 305-315
Grundy, Peter (2008): Doing Pragmatics. Third edition. London
Günthner, Susanne/ Linke, Angelika (2006): „Einleitung: Linguistik und Kulturanalyse. Ansichten eines symbiotischen Verhältnisses". In: Zeitschrift für Germanistische Linguistik 2, 1-27
Gunderson, Keith (ed.) (1975): Language, Mind, and Knowledge. Minneapolis
Harnish, Robert M. (1976): „Logical Form and Implicature". In: Bever/ Katz/ Langendoen (eds), 313-392
Hausman, Carl (2006): A Review of Prominent Theories of Metaphor and Metaphorical Reference Revisited. In: Semiotica 161, 213-230
Henne, Helmut/ Rehbock, Helmut (⁴2001): Einführung in die Gesprächsanalyse. Berlin/ New York
Herbert, Robert K. (1989): „The Ethnography of English Compliments and Compliment Responses: a Contrastive Sketch". In: Oleksy (ed.), 3-35
Heringer, Hans Jürgen (³2010): Interkulturelle Kommunikation. Tübingen
Hickey, Leo/ Stewart, Miranda (eds) (2005): Politeness in Europe. Clevendon
Hindelang, Götz (1994): „Sprechakttheoretische Dialoganalyse". In: Fritz/ Hundsnurscher (Hgg.), 95-112
Hinnenkamp, Volker (1998): Mißverständnisse in Gesprächen. Eine empirische Untersuchung im Rahmen der interpretativen Soziolinguistik. Opladen
Hoffmann, Ludger (Hg.) (1996): Sprachwissenschaft. Ein Reader. Berlin u.a.
Horn, Laurence/ Ward, Gregory (2004): The Handbook of Pragmatics. Oxford

House-Edmondson, Juliane (1986): „Cross Cultural Pragmatics and Foreign Language Learning". In: Bausch/ Königs/ Kogelheide (Hgg.), 281-295
Huang, Yang (2007): Pragmatics. Oxford
Jurafsky, Daniel (2004): Computational Pragmatics. In: Horn/ Ward (eds), 578-604
Kadmon, Nirit (2001): Formal Pragmatics. Semantics, Pragmatics, Presupposition, and Focus. Oxford
Keenan, Elinor (1976): „The Universality of Conversational Postulates". In: Language in Society 5, 67-80
Keller, Rudi (1995): Zeichentheorie. Zu einer Theorie semiotischen Wissens. Tübingen
Leech, Geoffrey N. (1983): Principles of Pragmatics. London/New York
Levinson, Stephen C. (²1994). Pragmatik. Tübingen
Levinson, Stephen C. (2000): Presumptive Meanings. The Theory of Generalized Conversational Implicature. Cambridge, MA
Lewis, David K. (1969): Convention. A Philosophical Study. Cambridge, MA. Dt. Übersetzung: (1975): Konventionen. Eine sprachphilosophische Abhandlung. Berlin
Lewis, David K. (1991): „Scorekeeping in a Language Game". In: Davis (ed.), 416-427
Liedtke, Frank (1998): Grammatik der Illokution. Über Sprechhandlungen und ihre Realisierungsformen im Deutschen. Tübingen
Lyons, John (1981): Language and Linguistics. Cambridge
Matsui, Tomoko (2000): Bridging and Relevance. Amsterdam
Meibauer, Jörg (1997): „Modulare Pragmatik und die Maximen der Modularität". In: Rolf (Hg.), 226-256
Meibauer, Jörg (²2001): Pragmatik: Eine Einführung. Tübingen
Meibauer, Jörg (2005): „Lying and falsely implicating". In: Journal of Pragmatics 37, 1373-1399
Meier, Victoria (2006): „Unten frei machen und auf den Stuhl. Eine linguistische Analyse von Praxisgesprächen am Beispiel der Gynäkologie". LINSE, Linguistik Server Essen: http://www.linse.uni-due.de/linse/esel/arbeiten/Zwischenpruefung_Meier.html
Mey, Jacob L. (²2001): Pragmatics. An Introduction. Oxford
Morris, Charles (1938): Foundations of the Theory of Signs. Chicago
Neuland, Eva (2009): „Kritisieren und Komplimentieren: Ergebnisse kontrastiver Studien deutsch – italienisch zum Umgang mit sprachlicher Höflichkeit". In: Ehrhardt/ Neuland (Hgg.), 153-170
Newmeyer, Frederick J. (ed.) (1988): Linguistics: The Cambridge Survey. Vol. II: Linguistic Theory: Extensions and Implications. Cambridge
Noveck, Ira/ Sperber, Dan (eds) (2004): Experimental Pragmatics. Hampshire
Oleksy, Wieslaw (ed.) (1989): Contrastive Pragmatics. Amsterdam
Peccei, Jean (1999): Pragmatics. London172-186

Peleg, Orna/ Giora, Rachel/ Fein, Ofer (2004): „Contextual strength: The whens and hows of context effects“. In: Noveck/ Sperber (eds), von Polenz, Peter (³2008): Deutsche Satzsemantik. Grundbegriffe des Zwischen-den-Zeilen-Lesens. Berlin
Quine, Willard Van Orman (1960): Word and Object. Cambridge, MA
Reboul, Anne (2004): „Conversational implicatures: nonce or generalized?“ In: Noveck/ Sperber (eds), 322-333
Rolf, Eckard (Hg.) (1997): Pragmatik. Implikaturen und Sprechakte. Sonderheft 8 der Linguistischen Berichte. Opladen
Rong Chen (1993): „Responding to Compliments. A Contrastive Study of Politeness Strategies between American English and Chinese Speakers“. In: Journal of Pragmatics 20, 49-75
Récanati, François (1991): „The Pragmatics of What is Said“. In: Davis (ed.), 97-120
Sacks, Harvey./ Schegloff, Emanuel A./ Jefferson, Gail (1974): „A simplest systematics for the organization of turn-taking for conversation“. In: Language 50, 696-755
Sadock, Jerrold M. (1988): „Speech Act Distinctions in Grammar“. In: Newmeyer (ed.), 183-197
Sadock, Jerrold M. (1991): „On Testing for Conversational Implicature“. In: Davis (ed.), 365-376. Zuerst in: Cole (ed.), 281-297
Sarangi, Srikant K./ Slembrouck, Stefaan (1992): „Non-cooperation in Communication: A Reassessment of Gricean Pragmatics“. In: Journal of Pragmatics 17, 117-154
Schegloff, Emanuel. A. (1968): „Sequencing in Conversational Openings“. In: American Anthropologist 70, 1075-1095
Schegloff, Emanuel A./ Sacks, Harvey (1973): „Opening Up Closings“. In: Semiotica VIII, 4, 289-327
Schwitalla, Johannes (³2006): Gesprochenes Deutsch. Eine Einführung. Berlin
Scollon, Ronald/ Scollon, Suzanne B.K. (1995): Intercultural Communication. A Discourse Approach. Oxford
Searle, John R. (1968): Speech Acts. Cambridge, MA. Dt. (1971): Sprechakte. Ein sprachphilosophischer Essay. Frankfurt/M.
Searle, John R. (1975): A Taxonomy of Illocutionary Acts. In: Gunderson (ed.), 344-369
Searle, John R. (1992): Conversation. Amsterdam
Searle, John R./ Vanderveken, Daniel (1985): Foundations of Illocutionary Logic. Cambridge
Selting, Margret u.a. (2009): „Gesprächsanalytisches Transkriptionssystem 2 (GAT 2)“. In: Gesprächsforschung – Online-Zeitschrift zur verbalen Interaktion: www.gespraechsforschung-ozs.de, Ausgabe 10, 353-402
Sperber, Dan/ Wilson, Deirdre (1986): Relevance: Communication and Cognition. Oxford

Spranz-Fogasy, Thomas (1992): „Ärztliche Gesprächsführung – Inhalte und Erfahrungen gesprächsanalytisch fundierter Weiterbildung". In: Fiehler/ Sucharowski (Hgg.), 68-78
Strawson, Peter F. (1950): „On referring". In: Mind 59, 320-344
Strawson, Peter F. (1971): Logico-linguistic Papers. London
Tomaselli, Michael (2009): Die Ursprünge der menschlichen Kommunikation. Frankfurt/ M.
Trosborg, Anna (ed.) (2010): Pragmatics across Languages and Cultures. Berlin u.a.
Tsohatzidis, Savas L. (2010): „Speech Act Theory: Some current options". In: Intercultural Pragmatics 7, 341-362
Vermeer, Manuel (1989): „Fremde Teufel und blaue Ameisen": Vom Einfluss der Mentalitätsproblematik beim Dolmetschen Chinesisch-Deutsch und Deutsch-Chinesisch". In: Vermeer (Hg.), 31-49
Vermeer Hans J. (Hg.) (1989): Kulturspezifik des translatorischen Handelns. Heidelberg
Verschueren, Jef (1998): Understanding Pragmatics. London
Verschueren, Jef/ Östman, Jan-Ola/ Blommaert, Jan (eds) (1995): Handbook of Pragmatics. Amsterdam
Wittgenstein, Ludwig (1971): Über Gewissheit. Frankfurt/M.
Wittgenstein, Ludwig (1977): Philosophische Untersuchungen. Frankfurt/M.
Yule, George (1996): Pragmatics. Oxford
Zifonun, Gisela/ Hoffmann, Ludger/ Strecker, Bruno (1997): Grammatik der deutschen Sprache. Berlin/ New York

Kleines Glossar

adjacency pair

a. Adjazenzpaar. Eine Gesprächs- oder Aktsequenz, die aus zwei aufeinander bezogenen turns oder Akten besteht: fragen – antworten, Gruß – Gegengruß

Anapher

☛ Katapher

Der Ausdruck (meist ein Pronomen), der im Text auf einen Vorgänger, ein Wort oder einen Ausdruck verweist, das Antezedens:

Dieser Artikel ist problematisch. Er scheint aber verständlich.

Antezedens

☛ Anapher

Vorgänger in der Anaphorik

Assertiva

Klasse von Sprechakten wie Behaupten, Informieren, Feststellen

Äußerung

Utterance

Realisierung eines sprachlichen Musters (der Langue) in einer bestimmten Sprechsituation. Äußerung wird verwendet für die Handlung des Äußerns wie auch für das Produkt der Äußerung.

Bedeutung

Das Potential von Wörtern und sprachlichen Ausdrücken, mit dem wir etwas zu verstehen geben

bridging

Inferieren eines Antezedens aus dem Kontext auf der Basis eines lexikalischen frames:

Gestern waren wie im „Goldnen Hirsch“. Das Steak war zäh.

Inferenz: In dem Restaurant gab es Steak zu essen.

Common Ground

Jener Teil des gemeinsamen Wissens, von dem wir annehmen, jeder einer bestimmten Kultur teile es. Es wird (oft kontrafaktisch) als bekannt oder gegeben vorausgesetzt.

Deixis

Bezugnahme auf Personen, Orte und Zeiten im Kontext. Verwendet werden deiktische (oder indexikalische) Ausdrücke wie *ich, du, hier, dort, jetzt, heute, morgen*. Die wichtigsten Typen der Deixis: Personaldeixis, Lokaldeixis, Temporaldeixis und Anaphorik.

Deklarativa

Klasse von Sprechakten wie Taufen, den Krieg Erklären. Mit dem Äußern eines Deklarativums soll die Welt entsprechend verändert werden.

Deutung
Der unbewusste Prozess, der zum Verstehen führt, im Gegensatz zur Interpretation

Direction of fit
auch Anpassungsrichtung. Art des Bezugs des propositionalen Gehalts eines Sprechakts auf die Welt. Wort-auf-Welt bei Assertiva.

Direkter Sprechakt
Akt nach einer konventionellen Zuordnung von Satzform einer Äußerung und Illokution: Äußern eines Aussagesatzes → behaupten, Äußern eines Fragesatzes → fragen. Anders bei indirekten Sprechakten.

Direktiva
Klasse von Sprechakten wie Befehlen, Auffordern, Raten. Mit dem Äußern eines Direktivums soll die Welt entsprechend verändert werden.

entailment
Die strenge Form der Implikation, nach der „X entailt Y" so definiert wird: Wenn X wahr ist, ist Y wahr rein aufgrund der Bedeutung. „X und nicht-Y" wäre dann inkonsistent.

Expressiva
Klasse von Sprechakten wie Bedauern, Sich Entschuldigen, Gratulieren. Mit dem Äußern eines Expressivums gibt der Sprecher seiner Einstellung oder Emotion Ausdruck.

Face
Entspricht deutsch Gesicht in Wendungen wie *sein Gesicht wahren oder verlieren*. Negatives face ≈ Recht auf Selbstbestimmung, positives face ≈ Selbstachtung und öffentliches Ansehen. Face spielt eine große Rolle bei der Höflichkeit und hat interkulturell unterschiedliche Ausformungen.

Faktiv
Faktive Verben sind solche, die den Komplementsatz präsupponieren.

Felicity Conditions
Seit Austin die Bedingungen, die erfüllt sein müssen, damit ein Sprechakt angemessen ausgeführt werden kann

Frame
Mentales und sprachliches Muster aus einem Kern mit offenen Slots, die in der Anwendung variierend gefüllt werden

Gesprächsanalyse
Eine linguistische Disziplin, die mündliche direkte Kommunikation untersucht und dafür eigene Methoden entwickelt hat. Beachtet werden die gesamte Situation und sprachbegleitende Handlungen.

Handlung
Zentrales Konzept der Pragmatik. Eine Handlung wird in der Regel bewusst, willentlich, absichtlich, zielgerichtet vollzogen, sie ist vom Handelnden prinzipiell kontrollierbar und von ihm zu verantworten.

Honorifika honorifics
Ehrende Ausdrucksmittel, mit denen der Sprecher Respekt, Vertrautheit, soziale Distanz, gesellschaftlichen Status und Autorität bezeugt.

idiomatisch

Idiomatisch sind Ausdrücke, die nicht nach dem Frege-Prinzip zu verstehen sind: Das Ganze ergibt sich nicht aus der Bedeutung der Teile.

IFIDs

illocutionary force indicator, Illokutionsindikator: Ausdruck oder syntaktische Konstruktion, die die Art des illokutionären Akts indiziert. *Und ich mache es* ***doch***. Die Partikel *doch* wird verwendet um den Akt des Insistierens anzuzeigen. Die Verberststellung indiziert eine Frage: *Machst du das?* Die Zuordnung von IFIDs zu Sprechakten ist nicht eins-zu-eins.

Illokution

Jener Aspekt der Sprechhandlung, der durch die Äußerung erzeugt wird (fragen, behaupten, befehlen usw.) und durch den perlokutiven Aspekt begrenzt ist

illokutionärer Akt

Teilakt eines Sprechakts, der von der reinen Äußerung erzeugt wird. Beispiele: versprechen, behaupten, befehlen, fragen

Implikation

☛ entailment

Ein Satz S1 impliziert einen Satz S2 genau dann, wenn S2 aus S1 folgt, also geschlossen werden kann. Die Implikation ergibt sich aus der Bedeutung der Sätze. Wenn S2 falsch ist, ist auch S1 falsch.

Implikatur

Von Grice geprägter Terminus für Schlüsse, die nicht allein aus der Bedeutung eines Satzes gezogen werden, sondern auf der Basis des Kooperationsprinzips und der Griceschen Maximen in der Äußerungssituation und mit dem gemeinsamen Wissen. Grice unterscheidet konversationelle und konventionelle Implikaturen, eine Unterscheidung, die nicht mehr allgemein geteilt wird.

indexikalisch

Mit indexikalischen Ausdrücken nehmen die Sprecher Bezug auf Sprecher und Sprechstituation.

indirekter Sprechakt

Ein Sprechakt, der prototypisch nicht direkt mit der Äußerung vollzogen wird, sondern auf einen anderen aufsetzt, etwas erbitten, indem man eine Frage stellt: *Können Sie mir helfen?*

inferieren

Terminologisch für unbewusstes Schlüsse ziehen – sowohl logisch als auch real – zum Verstehen einer Äußerung

Interpretation

Bewusstes und methodisches Verfahren zur Ermittlung des Sinns (oft aber wie *Deutung* verwendet)

I-Prinzip

Eines der Grundprinzipien menschlicher Kommunikation. Von Levinson so formuliert: „Say as little as necessary." Das Prinzip entspricht in etwa der Griceschen Maxime der Informativität oder Quantität.

Katapher

☛ Anapher

Der Ausdruck (meist ein Pronomen), der im Text auf einen Nachfolger, ein Wort oder einen Ausdruck verweist, das Sukzedens:

Sie kommt sofort ins Spiel. Die Sportlerin wird schon lange gefeiert.

Kohärenz

☛ Kohäsion

Bezeichnet den inhaltlichen Zusammenhang eines Textes. Kohärenz wird im Verstehen hergestellt, aber auch durch sprachliche Mittel gestützt.

Kohäsion

☛ Kohärenz

Texteigenschaft, die auf sprachlichen Mitteln basiert, die Kohärenz herstellen sollen: *Sie wurde Linguist, obwohl sie eine Frau war.*

Kommissiva

Klasse von Sprechakten, zu der versprechen, geloben, vereinbaren gehören. Mit dem Äußern eines Kommissivums verpflichtet sich der Sprecher zu einer künftigen Handlung.

Kontext

Als Kontext einer Äußerung wird gewöhnlich alles Relevante des sprachlichen Kontexts und der außersprachlichen Situation verstanden. Darunter Sprecher, Hörer, Zeitpunkt und Ort.

Konversation

Terminus für alle möglichen Typen von Gesprächen, vor allem Dialoge. Sie werden untersucht in der conversational analysis, auch Gesprächsanalyse oder discourse analysis.

Konversationsmaximen

Maximen, die Grice aus dem Kooperationsprinzip herleitet: Maxime der Quantität, der Qualität, der Relevanz und der Modalität

Kooperationsprinzip

Grundlegendes Prinzip menschlicher Kommunikation, an das sich die Sprachteilhaber halten, um effizient zu kommunizieren. Aus dem Kooperationsprinzip leitet Grice vier Gesprächsmaximen her.

Lokaldeixis

Sprachliche Bezugnahme auf Orte. Lokaldeiktische Ausdrücke sind *hier, dort, da.*

Lokutíon

Ein Aspekt des Sprechakts mit drei Teilhandlungen: phonetische Handlung (Äußern sprachlicher Laute), phatische Handlung (reguläre Serialisierung der Laute zu Lexemen), rhetische Handlung (Zuordnung von Referenz und Sinn).????

Origo

Deiktisches Zentrum: Der Nullpunkt der Deixis oder Zentrum der subjektiven Orientierung: ich, jetzt, hier. Bühler spricht von Origo. Die Origo switcht im Gespräch. Der Sprecher kann sich in die Origo des Hörers versetzen und von da aus sprechen. Eine Origo kann auch textuell fixiert werden.

Performativ

Äußerung, in der prototypisch ein performatives Verb in der 1. Person Präsens + *hiermit* verwendet wird, so dass der angegebene Sprechakt mit dem Äußern ausgeführt wird: *Hiermit bestelle ich* ...

Performatives Verb

Verb, das in performativen Äußerungen verwendbar ist

Perlokution

Aspekt von Sprechakten. Effekt, den der Sprecher beim Hörer erreicht oder erreichen will. Perlokutionäre Handlungen sind überreden und überzeugen.

Perlokutionärer Effekt

Die Wirkung, die tatsächlich mit der Ausführung eines illokutionären Akts erreicht wird

Personaldeixis

Sprachliche Bezugnahme auf Personen. Personaldeiktische Ausdrücke sind *ich, wir, ihr*.

Prädikation

Das Zusprechen einer Eigenschaft. Prädizieren ist ein Teilakt illokutionärer Akte: *Die Kleine ist süß*.

Präsupposition

Im weiteren Sinn: Voraussetzung, die der Sprecher in der Konversation macht. Spezifischer: Ein Satz X, der beim Äußern von Y als wahr vorausgesetzt ist und ebenso beim Äußern von nicht-Y.

Projektion

Vererbung von Präsuppositionen in komplexen Sätzen

Proposition

Der wahrheitsfähige Gehalt einer Äußerung. Er wird im illokutionären Akt zur Debatte gestellt: Ist die Proposition wahr oder falsch? Übliche Form: ... dass A V-t.

Propositionaler Akt

Teilakt des Sprechakts, der aus dem Referieren und Prädizieren besteht

Q-Prinzip

Eines der Grundprinzipien menschlicher Kommunikation. Von Levinson so formuliert: „Say as little as necessary." Das Prinzip entspricht in etwa der Griceschen Maxime der Informativität und Qualität.

Referenz

Sprachliche Bezugnahme auf Gegenstände oder Sachverhalte, von denen die Rede ist. Referierende Ausdrücke sind Nominalphrasen: Eigennamen, Pronomen oder definite descriptions. Referieren wird als Teilakt gesehen, der zusammen mit dem Prädizieren den propositionalen Akt ausmacht.

Relevanzmaxime

Gricesche Maxime, nach der Hörer immer davon ausgehen, eine Äußerung sei ein relevanter Beitrag zum gegenwärtigen Thema einer Kommunikation. In der Relevanztheorie das entscheidende Prinzip, nach dem wir aus der Äußerung den Sinn konstruieren. Menschliche Kommunikation beruht auf Relevanzmaximierung: Größte Relevanz mit geringsten Mitteln.

repair Korrektur einer Äußerung durch den Sprecher selbst (Selbstreparatur) oder den Hörer (Fremdreparatur)

Satzbedeutung Die konventionell abgesicherte Bedeutung eines Satzes. Sie wird oft angesetzt als mit Wahrheitsbedingungen angebbar und der Äußerungsbedeutung (= Sinn) gegenübergestellt.

Sequenz Zeitliche Folge von Äußerungen. Sequenzen können mehr oder weniger regulär sein, etwa Frage – Antwort.

Sinn Was der Sprecher mit seiner Äußerung dem Partner zu verstehen geben will und was dieser versteht. Der Sinn ergibt sich im konkreten Akt. Er ist wesentlich bestimmt durch die Bedeutung, den Kontext und das gemeinsame Wissen.

Sprechakt engl. speech act. Konzept der Sprechakttheorie: Sprachliche Handlung, in der sprachliche Zeichen geäußert werden. Sprechakte sind die Basiseinheiten der Kommunikation. Zentral sind illokutionäre Akte und die Bedingungen ihres Gelingens.

Streichbarkeit engl. cancellability. Bedeutungszüge und Implikaturen können im Kontext gelöscht werden. Diese Kontextabhängigkeit ist ein wesentliches Thema der Pragmatik.

Tautologie Eine logisch triviale Äußerung, die immer wahr wäre. Darum lösen Tautologien wie „Mann ist Mann" Implikaturen aus, die ihre Äußerung sinnvoll machen.

Temporaldeixis Sprachliche Bezugnahme auf Zeit. Temporaldeiktische Ausdrücke sind *jetzt, gestern, übermorgen*.

Transkription Verschriftlichung eines Gesprächs zum Zwecke der Analyse. Transkriptionssysteme sollen die wichtigsten Komponenten erfassen.

trigger Ausdrücke, die Präsuppositionen auslösen

TRP transition relevance place = Übergaberelevante Stelle. Stelle im Konversationsverlauf, an der ein Sprecherwechsel stattfinden kann

turn taking Regularitäten, nach denen Sprecherwechsel stattfinden

turn Redebeitrag. Ein Zug eines Sprechers im Gespräch.

unterbestimmt

Eigenschaft sprachlicher Ausdrücke. Ihre Bedeutung allein bestimmt nicht den Sinn einer Verwendung. Zum Beispiel kommen Implikaturen hinzu.

Vagheit

Eigenschaft sprachlicher Ausdrücke. Ihre Bedeutung allein bestimmt nicht den Sinn einer Verwendung. Zum Beispiel kommen Implikaturen hinzu.

Wahrheitswert

Die Wahrheitswerte sind wahr und falsch. Die Verteilung der Wahrheitswerte in Wahrheitswerttabellen bestimmt die Relation zwischen Sätzen.

Register

A

B

C

D

E

F

G

H

I